O MELHOR DE
Legião Urbana

Melodias e letras cifradas para guitarra, violão e teclados

Nº Cat.: 264-A

Irmãos Vitale S.A. Indústria e Comércio
www.vitale.com.br
Rua França Pinto, 42   Vila Mariana   São Paulo   SP
CEP: 04016-000 Tel.: 11 5081-9499 Fax: 11 5574-7388

© Copyright 1999 by Irmãos Vitale S.A. Ind. e Com. - São Paulo - Brasil
Todos os direitos autorais reservados para todos os países. *All rights reserved.*

Dados Internacionais de Catalogação na Publicação (CIP)
(Câmara Brasileira do Livro, SP, Brasil)

Legião Urbana
　　O Melhor de Legião Urbana : melodias e letras cifradas para guitarra, violão e teclados/
　　São Paulo : Irmãos Vitale.

　　ISBN 85-7407-042-4
　　ISBN 978-85-7407-042-1

　　　　　1 . Guitarra - Música　　　2. Teclado - Música
　　　　　3 . Violão - Música

98.5253　　　　　　　　　　　　　　　　　　　　　　CDD - 787.87-786

Índices para catálogo sistemático:

1. Guitarra: Melodias e cifras: Música　787-87
2. Teclado: Melodias e cifras: Música　786
3. Violão: Melodias e cifras: Música　787-87

CRÉDITOS

Editoração musical
L A Produções Artísticas

Entrada de notas
Tony Mendes

Revisão musical
Claudio Hodnik

Transcrições das músicas
Luiz Alfredo Xavier

Dados biográficos
Silvio Essinger

Revisão de texto
Claudia Mascarenhas

Capa
Criativa

Ilustração da Capa
Paulo Verardo

Lay out e produção gráfica
Marcia Fialho

Gerência artística
Luis Paulo Assunção

Produção executiva
Fernando Vitale

Legião Urbana

ÍNDICE

Prefácio	5
Dados biográficos	7
Simbologia adotada	19

Músicas

Será	21
Química	24
Teorema	28
Ainda é cedo	31
Daniel na cova dos leões	34
Eduardo e Monica	36
Por enquanto	42
Geração Coca-Cola	45
Tempo perdido	48
Angra dos Reis	51
Dezesseis	54
1º de julho	58
Que país é este?	62
Esperando por mim	65
Quase sem querer	68
Monte Castelo	72
Mil pedaços	75
Quando você voltar	78
Vento no litoral	80
Fábrica	84
Eu sei	87
Há tempos	90
Pais e filhos	94
Meninos e meninas	98
Índios	102

Legião Urbana

PREFÁCIO

No dia em que Renato Russo morreu, eu e Lobão conversamos por mais de três horas ao telefone, indignados, meio órfãos, completamente perdidos. Como o *rock* brasileiro iria sobreviver sem Júlio Barroso – Gang 90 –, Cazuza e Renato Russo? É bom deixar claro que Lobão não acredita na existência do *rock* brasileiro – ele acha que *rock* é norte-americano e fim de papo – mas, a bem da verdade, depois da morte do Renato ficamos sob denso mormaço nesses anos 90.

A Editora Irmãos Vitale produziu este documento, o primeiro com poder de eternizar a obra de Renato Russo e da Legião Urbana, uma banda que nasceu no cáustico final dos anos 70, em Brasília, onde Renato fez, inicialmente, a banda chamada Aborto Elétrico. Veio para o Rio, uniu-se a Dado, Bonfá e Negrete, e a Legião explodiu no primeiro disco que, milagre, levou um *hit* para a multidão. A canção "Será", depois gravada por Simone e até por um grupo de pagode, popularizou a Legião, o som da Legião.

O som da Legião nasceu de uma saudável mistura da poeira vermelha e do concreto de Brasília com a rudeza quase marcial de uma fase do pós-*punk* inglês. Há quem veja no som da banda a presença do U2 – e seus similares – por trás, mas, sinceramente, não é bem por aí. Tecnicamente falando, a Legião Urbana conseguiu trabalhar a música *rock* em português com inteligência, talento e genialidade. Não tenho a menor dúvida quanto à genialidade de Renato Russo. Basta ouvi-la em "Há tempos", "Geração Coca-Cola", e em todas as canções que integram este profundo trabalho de pesquisa, que abre o coração da Legião Urbana à visitação pública, banda que fez milhões de corações adolescentes acreditarem na existência da vida real. Em letra e música.

As divisões poéticas de Renato Russo, que seus amigos de banda transformaram em canções, são densamente sofisticadas também sob o ponto de vista literário. Logo que a Legião estourou não faltaram definições equivocadas, o que era natural. *Rock*-denúncia, *rock*-bombástico, até que, um dia, graças à sabedoria popular, chegaram à conclusão de que se tratava de uma mistura de literatura visceral com música *rock* livre. Por exemplo, "Angra dos Reis" talvez seja o mais duro golpe contra a sandice nuclear plantada numa das mais belas e místicas regiões do país. Mas a Legião optou por um andamento lânguido, marcação de baixo e bateria quase fúnebre, e a letra de Renato, a poesia de Renato que se derrama nos acordes, incendeia todas as alquimias dispensando gritos e microfonias. "Angra dos Reis" é a angústia santa vivenciada pelos puros, pelos raros. E Renato Russo foi e é um raro.

Até a chegada deste documento, temíamos pelo esquecimento da Legião Urbana e de Renato Russo, tragados e reciclados como lixo urbano. Façamos justiça a Uma Outra Estação, disco-testamento que Dado e Bonfá lançaram meses após a morte de Renato – mas terá sido suficiente? Ou a memória emocional-coletiva – essencialmente adolescente, repito – bebia salvação existencial no som da Legião, turbinado pela poesia do Renato, e ponto final?

Para escrever este texto, ouvi de novo toda a obra da banda, mais os discos-solo de Renato Russo, e concluí, mais uma vez, que o eterno está presente em todas as faixas, mesmo as mais despretenciosas. Daí este songbook, transformando o eterno sentido em documento histórico.

Luiz Antonio Mello
Jornalista e produtor

Legião Urbana

DADOS BIOGRÁFICOS

Foi o dia mais triste nas vidas de toda uma jovem geração. Tivesse 15, 20, 25 ou até trinta e poucos anos, não houve brasileiro que não tivesse sentido ao menos um aperto no peito naquele 12 de outubro de 1996, quando o castigado corpo de Renato Russo, vítima de infecções oportunistas decorrentes da Aids, foi cremado no Cemitério do Caju, no Rio de Janeiro. Não chegava a ser surpresa o desfecho de sua trajetória na Terra – sempre atormentado, o cantor e compositor nunca fez questão de esconder a dor e a inadequação à realidade que motivavam cada uma de suas canções. Renato não era mesmo desse mundo. Mas havia a esperança no coração de

Geração Coca-Cola

cada um de seus fãs de que ele estaria sempre presente, na figura do "irmão mais velho", com toda a ternura que os seus óculos de professor escondiam, para guiá-los na sempre complicada passagem para a idade adulta, quando quer que ela chegasse. Não, Renato não estaria mais lá – mas ficaram as canções. Nos violões e vozes mais ou menos desafinados do contingente juvenil que se amontoava naquele dia no cemitério, ele estava mais do que vivo. "Será", "Geração Coca-Cola", "Quase sem querer", "Eduardo e Monica", "Eu sei", "Faroeste caboclo", "Pais e filhos", "Monte Castelo", "Meninas e meninos"... A lista ideal nunca está completa, já que em cada uma das músicas deixadas por Renato, Dado Villa-Lobos e Marcelo Bonfá ao longo dos nove discos da Legião Urbana há uma história diferente que vai fazer sentido na vida de alguém.

Nascido no meio do fenômeno cultural-mercadológico que foi o *Rock* Brasil dos anos 80, a Legião foi o artista do pacote que mais se destacou. Dois de seus discos (Dois, de 1986, e As Quatro Estações, 1989) venderam mais de um milhão de cópias sem uma sequer das estratégias de mercado típicas dos *best sellers*. Foram a prova de que a integridade, a inteligência e a sensibilidade podiam virar o jogo (*Urbana Legio Omnia Vincit* – A Legião Urbana tudo vence, está sempre lá, no encarte de seus discos). Junto com Cazuza, Renato mostrou que aquela geração tinha poetas à altura daqueles da geração anterior da MPB. E, melhor, capazes de se comunicar com todos aqueles meninos e meninas que tentavam levar a vida adiante e pensar no futuro em plena ressaca da ditadura – os "filhos da revolução", como denominou precisamente em "Geração Coca-Cola". De posse daquela nova arma – as guitarras ensurdecedoras e o discurso cru e brutal do *punk rock* –, a Legião Urbana abriu um novo caminho para a música popular brasileira. E, entre espinhos e flores, o poeta do *rock* ultrapassou as barreiras dos rótulos e gêneros, tendo sido cantado por um time para lá de eclético, que vai de Simone, Cauby Peixoto e Raça Negra a Pato Fu, Cássia Eller e Viper.

Por enquanto

Mais do que tudo, Renato Russo era um sonhador. Do tipo que, antes de montar a banda, já tinha nome, músicas, esquemas de turnês e título do primeiro disco, tudo na cabeça. Nascido no Rio de Janeiro, em 1960, ele foi aquele menino que passava as tardes trancado no quarto lendo a Enciclopédia Britânica. Na parte crucial da adolescência, entre os 15 e os 17 anos de idade, teve problemas na perna e ficou praticamente imobilizado. Morando em Brasília, sua alternativa ao tédio era mergulhar nos livros e nos discos de *rock* – adorava o progressivo de Genesis e King Crimson – que entulhavam suas estantes. Em pouco tempo, havia se tornado, ele mesmo, uma enciclopédia musical. Logo que estava podendo andar novamente, uma revolução o pegou em cheio: o *punk rock*, dos Sex Pistols (ele era admirador incondicional do encrenqueiro

Urbana Legio Omnia Vincit: A Legião Urbana tudo vence

baixista Sid Vicious, chegando a tomar um porre quando o sujeito morreu, em 1979), Clash e Sham 69. A energia com que aqueles garotos tocavam, a busca por uma identidade jovem, a diversão sem limites e a política do *do-it-yourself* (faça-você-mesmo) tocaram profundamente aquele garoto de 18 anos. Logo ele estava rodando pelas ruas de Brasília em busca de amigos que compartilhassem de suas idéias e estivessem também a fim de agitar. Numa festa, em meados de 1978, conheceu o baterista Fê Lemos (que depois fundaria o Capital Inicial) e, mais tarde, o guitarrista André Pretorius. Com eles, formou o Aborto Elétrico, uma das primeiras bandas *punk* de Brasília. Esse foi o embrião da Legião Urbana, no qual nasceram músicas que seriam gravadas pela banda ("Geração Coca-Cola", "Tédio – com um T bem grande pra você", "Que país é esse") e por outras, como o Capital ("Música urbana", "Veraneio vascaína"). Aquelas composições de Russo eram intensas, diretas e refletiam o estado de coisas em uma Brasília amordaçada pelos militares e seus jovens vitimados pela arbitrariedade violenta da polícia (a turma de Renato sempre tomava "dura" dos guardinhas).

> ...a turma de Renato sempre tomava "dura" dos guardinhas.

Com o fim do Aborto Elétrico, no final de 1981, Renato resolveu encarnar o Trovador Solitário, e saiu pelos bares da cidade tocando violão e cantando algumas de suas composições mais líricas, elaboradas e bem-humoradas – "Eduardo e Monica", "Eu sei", "Faroeste caboclo", "Química" –, mais tarde patrimônio da Legião Urbana. Nessa época, o sobrenome Manfredini havia sido abandonado em prol do Russo, uma homenagem coletiva ao filósofo Jean-Jacques Rousseau, ao escritor Bertrand Russell e ao pintor Henri Rousseau. De vez em quando, ele também adotava um pseudônimo, Eric Russell, que acreditava ser seu alter ego louro e bonito. Mas o alter ego que ele achou mesmo, naquele ano de 1983, foi o de Renato Russo, líder de uma senhora banda, como aquelas com que sonhava quando era um beatlemaníaco infantil. Naquele mesmo ano, com Bonfá na bateria, Dado na guitarra e ele no baixo e nos vocais, estava consolidada a primeira formação estável da Legião Urbana. Na cola do Capital

> Eu sei

Inicial e dos Paralamas do Sucesso (que gravaram "Química" em seu primeiro LP), o trio se apresentou num circuito *underground* de *rock* que começava a se formar no Rio e em São Paulo. Do burburinho causado pelos shows daquela banda liderada por um maluco com cara de professor que dançava frenética e atabalhoadamente e dizia coisas que ninguém mais dizia, surgiu o interesse da mídia. Em 1984, a Legião estava gravando o seu primeiro LP – Renato Rocha, o Negrete, assumia então o baixo, já que Russo se recuperava de cortes nos pulsos resultantes de uma não muito entusiasmada tentativa de suicídio.

Índios

Legião Urbana, lançado em janeiro de 1985, é um verdadeiro prodígio da produção fonográfica brasileira. Um disco absolutamente honesto, não só com a própria banda – que não disfarçava suas deficiências técnicas e, paradoxalmente, as tornava uma de suas virtudes –, mas também com o público da Legião – que escutava ali exatamente o que havia ouvido nos shows. Com base no *rock* pós-*punk* de Public Image Limited e Joy Division (ou seja, deliberadamente sombrio e cru, como nunca se havia ouvido em um disco de uma banda brasileira), a Legião dava o seu recado com toda a urgência que era necessária. "Será" foi o primeiro sucesso desse LP, que acabou vendendo muito mais do que a gravadora esperava. *Tire suas mãos de mim/ Eu não pertenço a você/ Não é me dominando assim/ Que você vai me entender* eram os primeiros versos deste *rock* de poucos acordes, mas de comunicação imediata. Nas FMs, foi algo próximo de uma revolução. Primeiro porque, no meio da enxurrada de besteira que era rotulada como "música jovem", vinha alguém tematizando os conflitos comuns à garotada de uma forma séria e responsável. *Brigar pra quê/ Se é sem querer/ Quem é que vai nos proteger?/ Será que vamos ter que responder/ Pelos erros a mais/ Eu e você?*. Por outro lado, a Legião mostrava ser uma banda de *rock* de verdade, daquelas que davam vontade de sair pulando pelo quarto, purgando as frustrações em forma de suor, assim como Renato Russo fazia com sua inimitável dança.

> ... em 1984 a Legião estava gravando seu primeiro LP

Em Legião Urbana, o vocalista fazia o raio-x da juventude da sua época, fosse pela via da catarse de "Geração Coca-Cola" (*Somos os filhos da revolução/ Somos burgueses sem religião/ Somos o futuro da Nação/ Geração Coca-Cola*), pela dos bem engendrados paradoxos de "Ainda é cedo" (*Uma menina me ensinou/ Quase tudo que eu sei/ Era quase escravidão/ Mas ela me tratava como um rei*), ou simplesmente pela da metáfora da guerra aplicada ao relacionamento amoroso de "Soldados" (*Quem é o inimigo/ Quem é você?/ Nos defendemos tanto tanto sem saber/ Por que lutar*). Depois de tanta intensidade emocional (ainda havia "Teorema", "Petróleo do futuro" e o hino anti-*playboys*, "A dança"), o disco encerra com uma plácida e escondida faixa meio *technopop*, "Por enquanto". *Mudaram as estações e nada mudou/ Mas eu sei que alguma coisa aconteceu/ Está tudo assim tão diferente*, cantava o vocalista. No fim, ele avisa: *Estamos indo de volta pra casa*. Gravada mais tarde por Cássia Eller, esta faixa fazia um aceno à mudança de rota que a Legião executaria no disco seguinte, Dois. Algo a que os fãs teriam que se acostumar, já que, como os próprios músicos admitiriam anos depois, cada disco da banda foi uma mudança de rota em si.

Letras muito mais elaboradas e confessionais, músicas que ultrapassavam os três acordes do *punk*, rumo a um som mais delicado, meio *folk*, meio The Smiths. Essa foi a Legião Urbana que, para a surpresa de todos, emergiu, em 1986, no disco Dois. "Tempo perdido", uma ode à juventude, começou a carreira do disco, introduzida por um dedilhado de guitarra que se tornou um clássico. *Todos os dias quando acordo/ Não tenho mais o tempo que passou/ Mas tenho muito tempo:/ Temos todo o tempo do mundo*, cantava Russo. Enquanto isso, no respectivo videoclipe, passavam fotos de Jimi Hendrix, Bob Dylan, Bob Marley e Mick Jagger, todos ainda na flor da juventude, como que a apontar para a fugacidade do que estava sendo celebrado. *Somos tão jovens*, bradava o vocalista, ao fim. Noutro grande sucesso do disco, Renato Russo contava de forma surpreendentemente alegre a sua dura jornada pelo autoconhecimento: "Quase sem querer". *Já não me preocupo se eu não sei porque/ Às vezes o que eu vejo quase ninguém vê/ E eu sei que você sabe quase*

Para Renato lidar com a fama(...) era algo complicado.

sem querer/ Que eu vejo o mesmo que você. Por cima de uma festeira levada de violões *folk*, o poeta admitia não ser mais criança "a ponto de saber tudo".

O clima continua para cima com a violeira "Eduardo e Monica", pérola do Renato cronista – e uma das raras histórias de amor com final feliz em toda a sua obra. Hoje parece estranho que, junto com ela, convivessem no mesmo disco músicas tão abissais quanto "*Acrilic on canvas*" ou "*Andrea Doria*", belíssimos retratos do Renato atormentado, que bebia Cointreau em copo de requeijão "para ficar doido". Mais diverso ainda que o disco de estréia da Legião, Dois ainda trazia traços da fase *punk* da banda ("Música urbana 2", "Fábrica", "Metrópole") e a enigmática "Daniel na cova dos leões" (*Mas, tão certo quanto o erro de ser barco a motor é insistir em usar os remos*). Como Legião Urbana, este disco também acaba de forma especial: com "Índios", canção embalada por teclados infantis que fala justamente do fim da inocência. *Nos deram espelhos e vimos um mundo doente*, era a frase final do disco. Nada mais profético. Não demorou muito e a Legião Urbana era uma banda famosa em todo o país, fazendo shows para as platéias mais diversas – e conhecendo o outro lado, nada agradável, do sucesso. Para Renato, indomável por natureza, lidar com fama, assédio e gravadoras era algo complicado – o mundo não tardaria a cobrar seu preço daquele tímido garoto que gostava de ficar trancado no quarto e, um dia, tinha virado astro de *rock*.

Em 1987, aumentava a cobrança por um novo álbum da Legião. A banda, porém, não conseguia compor. O engraçado é que antes havia material de sobra – se dependesse dela, Dois teria sido um álbum duplo. A solução veio na forma de "Que país é esse – 1978/1987", disco com regravações de algumas músicas que vinham desde os tempos do Aborto Elétrico, e apenas duas novas, "Angra dos Reis" e "Mais do mesmo". Um presente para os fãs, bem no Natal

... o clima continua para cima com "Eduardo e Monica".

daquele ano. Com um *riff* de guitarra surrupiado de "*I don't care*", dos *punks* Ramones, e um título copiado de um livro de Millôr Fernandes, "Que país é este", escrita em 1978, abriu a tampa do disco, espirrando ódio para todos os lados. *Mas o Brasil vai ficar rico/ Vamos faturar um milhão/ Quando vendermos todas as almas/ Dos nossos índios em um leilão*, vomitava Renato. Algumas rádios, num rasgo de ousadia, resolveram arriscar uma outra faixa, com nove minutos de duração, 159 versos e uma levada que começava caipira e crescia para o *punk rock* - isso, ressalte-se, em plena vigência da onda brega. Era "Faroeste caboclo", épico sobre um tal de João de Santo Cristo, que passou de rapaz trabalhador a bandido e, depois de uma custosa redenção, virou santo no Planalto Central. Logo todas as rádios estavam tocando várias vezes ao dia o "Faroeste", e Renato, por tabela, passou a ser celebrado não mais como um roqueiro, mas como um compositor da mais genuína música popular brasileira.

...a Legião sofria com sua própria grandeza...

Ainda em Que País É Este despontou uma das músicas da Legião que mais empatia viria a provocar entre o público: "Eu sei", anteriormente conhecida nos shows como "Sexo verbal" (o título de verdade era "18 e 21"). Com uma forte e pungente melodia guiada com vigor pelo violão de Renato, ela tem uma daquelas definitivas e imortais frases do poeta: *Um dia pretendo tentar descobrir/ Porque é mais forte quem sabe mentir.* Foi outro sucesso do disco junto à ecológica e triste "Angra dos Reis" e às antigas *punks* "Química" (*Não saco nada de física/ literatura ou gramática/ só gosto de educação sexual/ e eu odeio química*) e "Tédio". O álbum teve êxito absoluto. Mas, ao mesmo tempo em que se tornava a maior banda de *rock* do Brasil, a Legião sofria com sua própria grandeza. Em 18 de junho de 1988, no Estádio Mané Garrincha, na natal Brasília, Renato e seus amigos se preparavam para um dos vários megashows que a banda se obrigara a fazer. Atacado no palco por um fã que parecia ser

... todas as rádios estavam tocando "Faroeste caboclo"

doente mental e por vários objetos atirados pelo público, o vocalista explodiu: passou um sabão nos seus agressores e resolveu terminar o show. Não achou mais a menor graça no que estava acontecendo. Resultado: quebra-quebra, confusão... e a noite acabou com 385 feridos. Traumatizada, a banda se tornou cada vez menos frequente nos palcos a partir daquela data. E, para piorar a situação, Negrete resolveu deixar a Legião ainda naquele ano.

1º de julho

O quarto álbum da Legião Urbana teria que vir como um atestado de sobrevivência. Só que As Quatro Estações, lançado em 1989, fez bem mais do que vender discos a rodo. As novas canções trouxeram reflexões nuas e cruas sobre o inferno pessoal pelo qual o vocalista passava. Causas: a dependência química cada vez mais pesada e os males de amores, agravados pelo fato de ainda não ter se revelado definitivamente homossexual – coisa que só faria no ano seguinte. *Parece cocaína, mas é só tristeza* – com esta frase, Renato abria a canção "Há tempos" e o disco. Com teclados sinfônicos a colorir uma típica "harmonia legião", a música (re)apresentava a banda depois de mais uma metamorfose. Interpolações de textos religiosos (*Muitos temores nascem do cansaço e da solidão/ E o descompasso e o desperdício herdeiros são agora da virtude que perdemos*) e uma preocupação acentuada com a morte (*Há tempos são os jovens que adoecem*) dão o tom da nova poética de Renato Russo. Com uma das melodias mais reconhecíveis do repertório da Legião e a guitarrinha meio *bluesy* de Dado, "Pais e filhos", por sua vez, pegou o público imediatamente pelo pé, sugerindo reconciliações: *Você diz que seus pais não o entendem/ Mas você não entende seus pais*. O refrão, messiânico, marcou época: *É preciso amar as pessoas como se não houvesse amanhã/ Porque se você parar pra pensar, na verdade não há.*

... quebra-quebra, confusão... 385 pessoas feridas...

As Quatro Estações foi o disco da banda com o maior número de sucessos nas rádios, quase sempre baseados nas doces harmonias de violão da música *folk*. "Quando o sol bater na janela do teu quarto" e

"Monte Castelo" (*Ainda que eu falasse a língua dos homens/ E falasse a língua dos santos/ Sem amor eu nada seria*) levaram os ouvintes pelo lado das mensagens espirituais. Matreira, "Meninos e meninas" abriu o caminho para as revelações daquilo que secretamente passava pela cabeça de Renato Russo: *Acho que gosto de S. Paulo/ E gosto de S. João/ Gosto de S. Francisco/ E S. Sebastião/ E eu gosto de meninos e meninas*. Foi um contraponto para a gravidade da situação exposta em "*Feedback song for a dying friend*" ("Canção retorno para um amigo à morte", na tradução de Millôr), dedicada a Cazuza, que morreria pouco depois, em agosto de 1990, de Aids. *Alisa a testa suada do rapaz/ Toca o talo nu ali escondido/ Protegido nesse ninho farpado sombrio da semente/ Então seus olhos castanhos ficam vivos*, cantava Renato, protegido do grande público pelo inglês poético. Ainda em 1990, o cantor se descobriria também infectado pelo vírus.

...revelações daquilo que secretamente passava pela cabeça de Renato...

Em 1991, saiu aquele que pode ser considerado o disco maldito da Legião - e do qual Renato mais gostava no fim da vida: V. A grande ousadia era "Metal contra as nuvens", faixa de inspiração progressiva (com passagens pesadas e outras calmíssimas se alternando), letra épico-romântica e nada menos que 11 minutos de duração. Realizá-la era um antigo desejo de Renato, cada vez mais fã de bandas como o Emerson, Lake & Palmer, e sem receios de soltar sua voz operística. Os sucessos do disco foram as lentas e melancólicas "O teatro dos vampiros" (*Voltamos a viver como há dez anos atrás/ E a cada hora que passa/ Envelhecemos dez semanas*) e "Vento no litoral". No ano seguinte, a gravadora lançou o álbum duplo Música para Acampamentos, com gravações ao vivo, e inéditas em estúdio, para atender aos inúmeros pedidos dos fãs. A banda, porém, continuava compondo. Em 1993, voltaria cercada de flores na capa do álbum O Descobrimento do Brasil. Por alguns instantes, se poderia acreditar que a banda tinha voltado às raízes. Batida programada e guitarra à frente, "Perfeição" trazia Renato com o discurso indignado-afiado do primeiro disco: *Vamos celebrar a estupidez humana/ A estu-*

Será

... um mês depois morria em seu apartamento no Rio...

pidez de todas as nações/ O meu país e sua corja de assassinos. Quando se achava que não haveria refrão, um quase-refrão chega messiânico, à moda dos de As Quatro Estações, cercado de teclados: *Venha, meu coração está com pressa/ Quando a esperança está dispersa/ Só a verdade me liberta/ Chega de maldade e ilusão.*

O Descobrimento reservou algumas boas surpresas, como "Do espírito" (*punk rock* na linha de The Jesus & Mary Chain) e as singelas "Descobrimento" e "Vamos fazer um filme". Mas, até pelos poucos shows que fizeram para lançá-lo, o disco acabou sendo deixado para trás tão logo Renato lançou seus dois trabalhos solo. O primeiro foi The Stonewall Celebration Concert (1994), só com músicas em inglês, de autores os mais variados (Madonna, Tanita Tikaram, Nick Drake, Irving Berlin, Stephen Sondheim, entre outros). Trabalho de cunho beneficente, ele não chegou às rádios e teve parte da renda doada à campanha contra a fome liderada por Herbert de Souza, o Betinho. Já Equilíbrio Distante (1995), de canções populares italianas, estourou as canções "*La solitudine*" e "*Strani amore*", numa virada de carreira impressionante para um garoto fã de Sid Vicious. O compromisso com os fãs da Legião levaram Renato de volta ao estúdio, em 1996, com a produção de Dado, para gravar A Tempestade. Desolado pelo fim de uma paixão, Renato começou a sentir os primeiros sintomas da doença naquele ano e, aparentemente, decidiu se entregar a ela. Debilitado, não conseguiu reunir forças para gravar todos os vocais daquele que seria um disco duplo – algumas faixas ficaram apenas com a voz-guia. O álbum saiu simples, com uma foto de arquivo do cantor. Um mês depois, ele morria em seu apartamento no Rio, em meio a notícias de que estaria compondo uma ópera.

A Tempestade tem várias pistas espalhadas pelo seu encarte, a começar por uma citação de Oswald de Andrade: "O Brasil é uma república federativa cheia de árvores e gente dizendo adeus". Já na faixa "A Via Láctea", a mensagem é inequívoca: *Quando tudo está perdido/ Sempre existe um caminho.* Com versos ainda mais contundentes (*Vem, de repente, um anjo perto de mim/ E essa febre que*

Teorema

não passa), a faixa serviu como réquiem para Renato, tocada nas rádios quando de sua morte. Mas, se ainda em "Música ambiente" e na pesada "Natália" não se furtava a deixar mais tristes indicações de sua doença, e em "Dezesseis" contou a história de Johnny, um garoto que resolveu morrer como James Dean, o cantor ainda teve alguns lampejos de bom humor. Foi em "Leila": *E você diz daquele jeito: – Ai, preciso de um homem/ E eu digo: – Ah, Leila, eu também.* O mais pesado das sessões de A Tempestade ficou reservado para Uma Outra Estação (1997), último disco com músicas inéditas da Legião. Nele estão algumas das canções em que Renato mais destilou ódio e desilusão: "As flores do mal" (*Volta pro esgoto baby/ E vai ver se alguém te quer*), a angustiada "*La Maison Dieu*" (*Eu sou a pátria que lhe esqueceu/ O carrasco que lhe torturou/ O general que lhe arrancou os olhos/ O sangue inocente de todos os desaparecidos*) e "Clarisse", sobre uma menina de 14 anos que decide cometer suicídio. Nenhum verso, porém, foi mais chocante que a canção "Sagrado coração" - há apenas a letra no encarte, já que Renato não teve tempo de pôr a voz na gravação. Como (única) nota alegre desse disco, ficou "*Riding song*", em que Dado, Bonfá e o desaparecido Negrete musicaram o conteúdo de uma fita promocional de 1986. Nela, os quatro legionários diziam de viva voz porque decidiram largar tudo e fazer carreira tocando *rock* com a Legião – uma faixa no mínimo emocionante. Os fãs (que depois receberam o disco O Último Solo, com as sobras de estúdio da carreira solo de Renato e a coletânea da Legião Mais do Mesmo) agradecem a generosidade e a dedicação dos ídolos nos 11 anos de música e mensagens. *Urbana Legio Omnia Vincit*, sem dúvida.

Silvio Essinger

Que país é esse?

SIMBOLOGIA ADOTADA

Esta publicação apresenta vinte e cinco sucessos da Legião Urbana, transcritos para a pauta musical, na forma em que tornaram-se conhecidos na interpretação do grupo.

Além das melodias cifradas, com as letras alinhadas embaixo, foram incluídas, também, as letras cifradas com acordes para violão, o que torna a publicação mais abrangente, tanto quanto facilita consideravelmente a compreensão e a tarefa de "tirar" a música.

O registro das letras, melodias e cifras reflete com máxima precisão as gravações originais dos CDs. Em algumas músicas, porém, como "Monte Castelo", "1º de julho" e "Quando você voltar", entre outras, a divisão rítmica da melodia foi escrita de forma simplificada, a fim de tornar a leitura mais acessível.

Para a notação musical, foram adotados os seguintes critérios:

A cifragem é descritiva, ou seja, exibe a raiz do acorde e suas dissonâncias.

Quando há um ritornelo e a melodia da volta é diferente da primeira, as figuras aparecem ligeiramente menores e com hastes para baixo. Neste caso, a segunda letra é alinhada com as notas para baixo, como demonstra o exemplo a seguir:

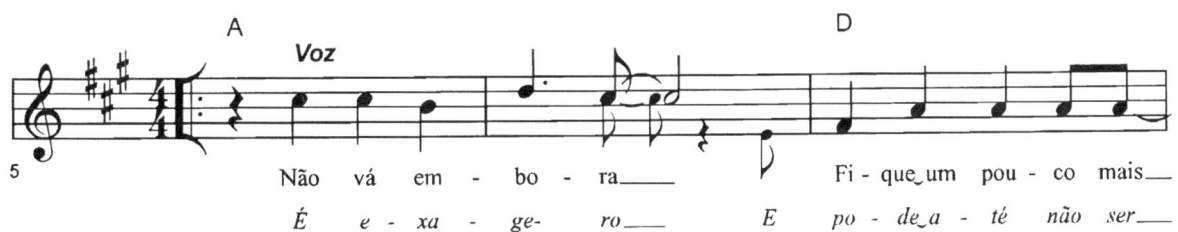

Se um instrumento solista avança por um compasso onde há voz, as melodias são escritas com hastes opostas, sem redução de tamanho.

As convenções de base mais marcantes estão anotadas na partitura, logo acima das cifras, com "x" e losango, correspondendo às figuras pretas e brancas, respectivamente.

Nas letras cifradas, as cifras dos acordes estão aplicadas nos locais exatos onde devem ser percutidas ou cambiadas, como mostra o próximo exemplo. Esta forma é mais conveniente para aqueles que já conhecem a melodia ou para os que não lêem notas na pauta.

A
Não vá embora
D
Fique um pouco mais

Nos diagramas de acordes para violão, a ligadura corresponde à pestana; 0 "x", acima de uma corda, indica que a mesma não pode ser tocada; e o pequeno círculo refere-se à corda solta. Alguns diagramas possuem ligadura e "x". Neste caso, toca-se com a pestana mas omite-se a corda com "x". As cordas a serem percutidas recebem bola preta ou pequeno círculo.

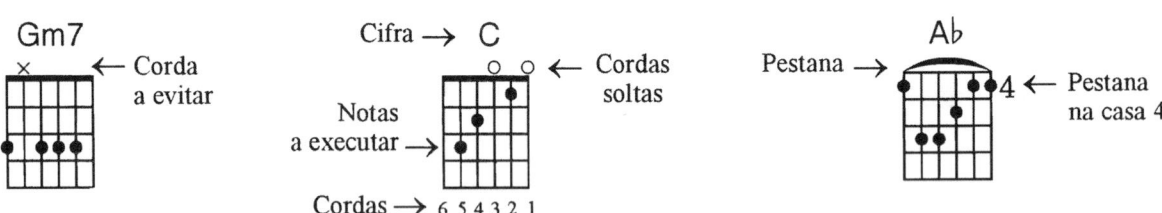

Algumas músicas de subdivisão ternária são escritas em binária (♫ = ♩♪³), na forma de *bebop*. Esta convenção indica que, embora a melodia esteja escrita em pares de colcheias, deve-se manter a pulsação de tercinas.

Em alguns casos, músicas gravadas originalmente em tonalidades de difíceis leitura e execução para o músico iniciante, tais como D♭ e F♯, foram transportadas um semitom abaixo ou acima, para facilitar.

Será

DADO VILLA-LOBOS,
RENATO RUSSO e
MARCELO BONFÁ

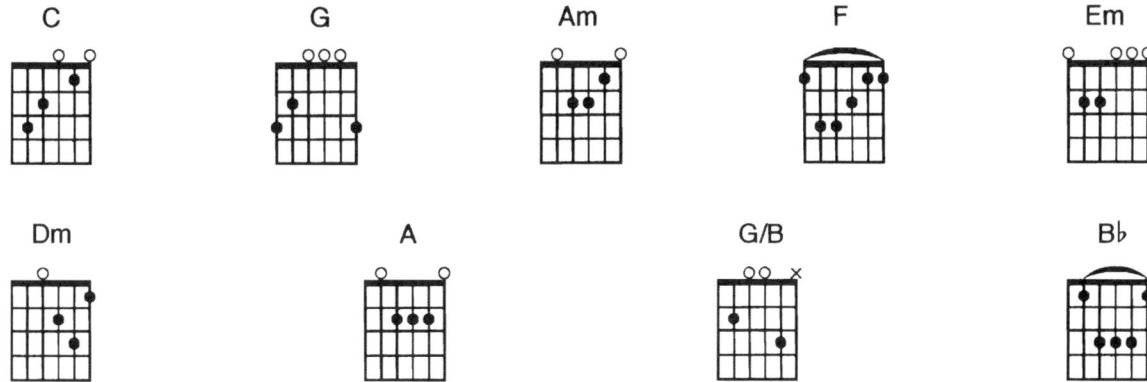

Introdução: **C G Am F C G Am F**

C   G   Am
Tire suas mãos de mim
** F   C**
Eu não pertenço a você
**   G   Am**
Não é me dominando assim
** F   C**
Que você vai me entender
**   G   Am**
Eu posso estar sozinho
**   F   Am**
Mas eu sei muito bem aonde estou
**   Em   F**
Você pode até duvidar
**   G   C F G**
É só que isso não é amor

Instrumental (3X): **C F G**

REFRÃO:

G   Dm
Será só imaginação?
G   Dm
Será que nada vai acontecer?
G   Dm
Será que é tudo isso em vão?
G   Dm   A
Será que vamos conseguir vencer?
G C F   G C F G
Ô ô ô ô ô ô   ô

Instrumental (3X): **C F G**

C   G   Am
Nos perderemos entre monstros
** F C**
Da nossa própria criação
**   G   Am**
Serão noites inteiras
**   F   C**
Talvez por medo da escuridão
**   G   Am**
Ficaremos acordados
**   F   Am**
Imaginando alguma solução
**   Em**
Pra que esse nosso egoísmo
F   G   C F G
Não destrua nosso coração

Instrumental (3X): **C F G**

Refrão

**   C   G/B**
Brigar pra quê, se é sem querer
**   Bb   Dm**
Quem é que vai nos proteger?
**   C   G/B**
Será que vamos ter que responder
**   Bb   Dm   G F**
Pelos erros a mais, eu e você?

21

Química

RENATO RUSSO

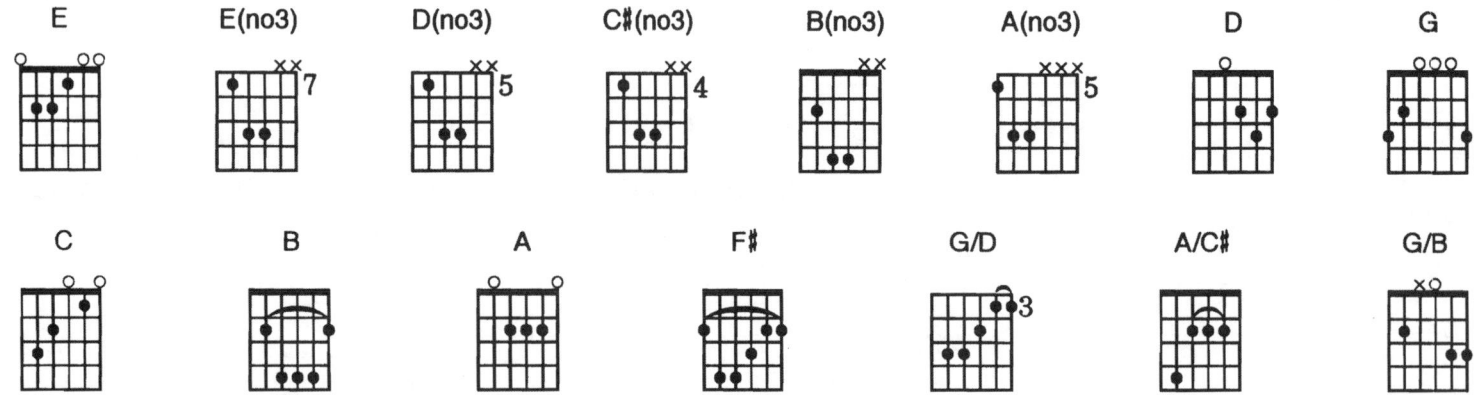

Introdução: **E**

     E(no3)   **D(no3)**   **C#(no3)**
Estou trancado em casa e não posso sair
   E(no3)   **D(no3)**   **C#(no3)**
Papai já disse, tenho que passar
    E(no3)   **D(no3)**   **C#(no3)**
Nem música eu posso mais ouvir
    E(no3)   **D(no3)**   **C#(no3)**
E assim não posso nem me concentrar

C#(no3)   **B(no3)** **A(no3)**
  Não saco nada de   física
E(no3)   **D(no3)**   **C#(no3)**
  Literatura ou gramática
D   **G**   **C**
  Só gosto de educação sexual
       B   **E**
  E eu odeio química

     E(no3)   **D(no3)**   **C#(no3)**
Não posso nem tentar me divertir
    E(no3)   **D(no3)**   **C#(no3)**
O tempo inteiro eu tenho que estudar
     E(no3)   **D(no3)**   **C#(no3)**
Fico só pensando se vou conseguir
   E(no3)   **D(no3)**   **C#(no3)**
Passar na porra do vestibular

C#(no3)   **B(no3)** **A(no3)**
  Não saco nada de   física
E(no3)   **D(no3)**   **C#(no3)**
  Literatura ou gramática
D   **G**   **C**
  Só gosto de educação sexual
     B   **A**   **G**   **F#**
  E eu odeio química, química, química

B   **E**   **G/D**
Chegou a nova leva de aprendizes
   A/C#   **G/B**
Chegou a vez do nosso ritual
 E   **G/D**
E se você quiser entrar na tribo
 A/C#   **G/B**
Aqui no nosso Belsen tropical
   E   **G/D**   **A/C#**   **G/B**
Ter carro do ano, TV a cores, pagar imposto, ter pistolão
  E   **G/D**   **A/C#**
Ter filho na escola, férias na Europa, conta bancária,
 G/B   **E**   **G/D**
Comprar feijão, ser responsável, cristão convicto,
 A/C#   **G/B**
Cidadão modelo, burguês padrão

  E   **G**
Você tem que passar no vestibular
  A   **G**
Você tem que passar no vestibular
  E   **G**
Você tem que passar no vestibular
  A   **G**
Você tem que passar no vestibular

Instrumental (2X): **E(no3)** **D(no3)** **C#(no3)**

C#(no3)   **B(no3)** **A(no3)**
  Não saco nada de   física
E(no3)   **D(no3)**   **C#(no3)**
  Literatura ou gramática
D   **G**   **C**
  Só gosto de educação sexual
     B   **A**   **G**   **F#**
  E eu odeio química, química, química

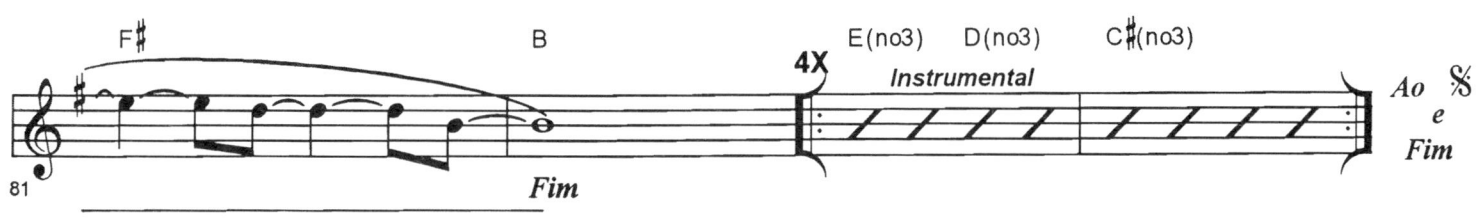

Teorema

DADO VILLA-LOBOS,
RENATO RUSSO e
MARCELO BONFÁ

A  D 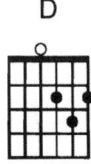 G 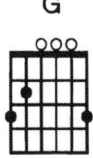 Bm 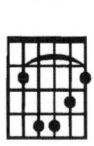 E7 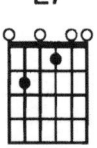 D/F# 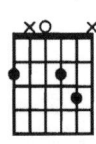 F#

Introdução: **A**

A
Não vá embora
D
Fique um pouco mais
G
Ninguém sabe fazer
D
O que você me faz
A
É exagero
D
E pode até não ser
G
O que você consegue
D
Ninguém sabe fazer

Bm7   **E7**
Parece energia mas é só distorção
F#   **D**
E não sabemos se isso é problema
       E7   **Bm E7 D/F#**
Ah ah ah ô ô ô
      D E7 A
Ou se é a solução

A
Não tenha medo
D
Não preste atenção
G
Não dê conselhos
D
Não peça permissão
A   **D**
É só você quem deve decidir
G
O que fazer
D
Pra tentar ser feliz

Bm7   **E7**
Parece energia mas é só distorção
F#   **D**
E parece que sempre termina
       E7   **Bm E7 D/F#**
Ah ah ah ô ô ô
      D E A
Mas não tem fim

Não vá embora *(etc.)*

Bm   **E7**
Parece um teorema sem ter demonstração
F#   **D**
E parece que sempre termina
       E7   **Bm E7 D/F#**
Ah ah ah ô ô ô
      D E A
Mas não tem fim

Ainda é cedo

ICO OURO PRETO, DADO VILLA-LOBOS,
RENATO RUSSO e MARCELO BONFÁ

Dm    C 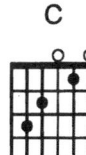   Am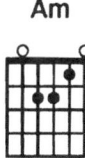

Introdução (4X): **Dm C Am**

       Dm **C**
Uma menina me ensinou
     Am
Quase tudo que eu sei
      Dm
Era quase escravidão
C   **Am**
Mas ela me tratava como um rei
     Dm   **C**
Ela fazia muitos planos
       Am
Eu só queria estar ali
       Dm
Sempre ao lado dela
C   **Am**
Eu não tinha onde ir

       Dm **C**
Mas egoísta que eu sou
   Am
Me esqueci de ajudar
         Dm **C**
A ela como ela me ajudou
      Am
E não quis me separar
       Dm
Ela também estava perdida
C   **Am**
E por isso se agarrava a mim também
    Dm
Eu me agarrava a ela
C   **Am**
Eu não tinha mais ninguém

REFRÃO (4X):
        Dm
E eu dizia: Ainda é cedo
C   **Am**
Cedo cedo cedo cedo

Instrumental (3X): **Dm C Am**

         Dm **C**
Sei que ela terminou
        Am
O que eu não comecei
         Dm **C**
E o que ela descobriu
          Am
Eu aprendi também, eu sei
         Dm
Ela falou: - Você tem medo
C   **Am**
Aí eu disse: - Quem tem medo é você
         Dm
Falamos o que não devia
C   **Am**
Nunca ser dito por ninguém
         Dm **C**
Ela me disse: - Eu não sei
         Am
Mais o que eu sinto por você
     Dm
Vamos dar um tempo
C   **Am**
Um dia a gente se vê

Refrão

Final instrumental: **Dm C Am**

Ainda é cedo

ICO OURO PRETO,
DADO VILLA-LOBOS,
RENATO RUSSO e
MARCELO BONFÁ

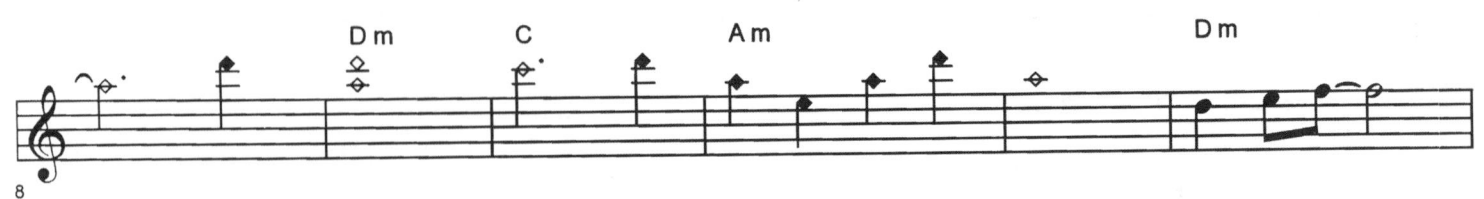

U - ma me - ni - na me_en si - nou
Mas e - go - ís - ta que eu sou
Sei que e - la ter - mi - nou
E - la fa - lou: Vo - cê tem me - do   Aí eu dis-

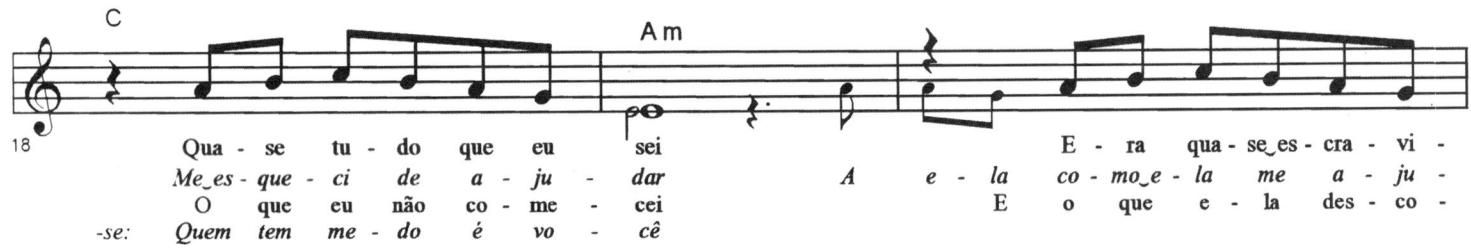

Qua - se tu - do que eu sei   E - ra qua - se_es - cra - vi -
Me_es - que - ci de a - ju - dar   A e - la co - mo_e - la me a - ju -
O que eu não co - me - cei   E o que e - la des - co -
-se: Quem tem me - do é vo - cê

-dão   Mas e - la me tra - ta - va co - mo_um rei
-dou   E não quis me se - pa - rar
-briu   Eu a - pren - di tam - bém, eu sei

E - la fa - zi - a mui - tos pla - nos   Eu só que - ri - a_es - tar a -
E - la tam - bém_es - ta - va per - di - da   E por is - so se_a - gar - ra - va a mim tam -
E - la fa - lou: - Vo - cê tem me - do   Aí eu dis - se: - Quem tem me - do é vo -

©Copyright 1984 by EDIÇÕES MUSICAIS TAPAJÓS LTDA.
Todos os direitos autorais reservados para todos os países. All rights reserved.

Daniel na cova dos leões

RENATO RUSSO e
RENATO ROCHA

Am  G 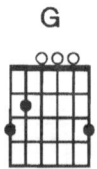 Dm 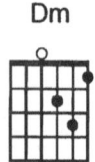 F  C 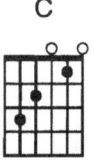 Bb

Introdução (4X): **Am G**

Am   G   Am   G
Aquele gosto amargo do teu corpo
Am   G   Am   G
Ficou na minha boca por mais tempo
Am   G   Am   G
De amargo e então salgado ficou doce
Am   G   Am   G
Assim que o teu cheiro forte e lento
Dm   F   C
Fez casa nos meus braços e ainda leve
Bb   Dm   F
E forte e cego e tenso fez saber
C   Bb   (4X Am G)
Que ainda era muito e muito pouco
Am   G   Am   G
Faço nosso o meu segredo mais sincero
Am   G   Am   G
E desafio o instinto dissonante

Am   G   Am   G
A insegurança não me ataca quando erro
Am   G   Am   G
E o teu momento passa a ser o meu instante
Dm   F
E o teu medo de ter medo de ter medo
C   Bb
Não faz da minha força confusão
Dm   F
Teu corpo é meu espelho e em ti navego
C   Bb   (8X Am G)
E sei que tua correnteza não tem direção
Dm   F   C
Mas, tão certo quanto o erro de ser barco a motor
Bb
E insistir em usar os remos
Dm   F
É o mal que a água faz quando se afoga
C   Bb
E o salva-vidas não está lá porque não vemos

Instrumental (ad lib.): **Am G**

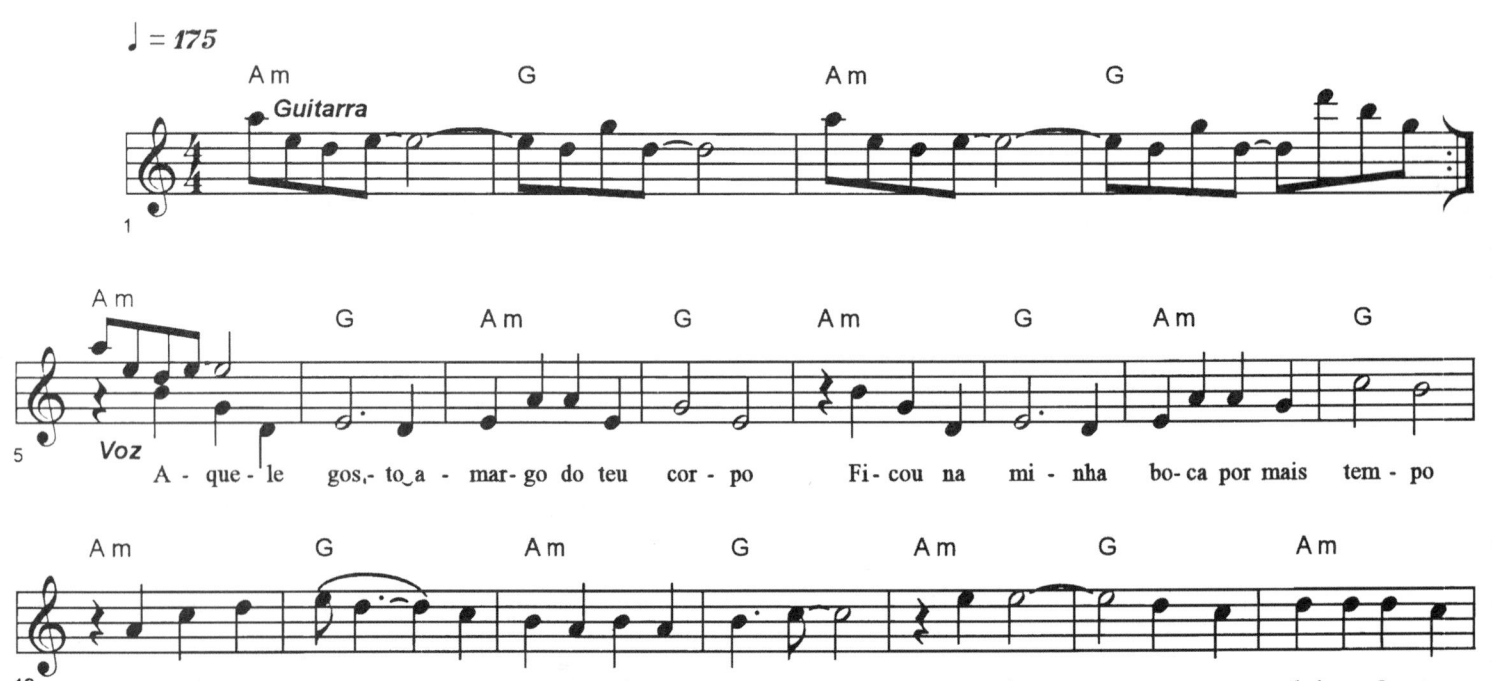

©Copyright 1986 by EDIÇÕES MUSICAIS TAPAJÓS LTDA.
Todos os direitos autorais reservados para todos os países. All rights reserved.

Eduardo e Monica

RENATO RUSSO

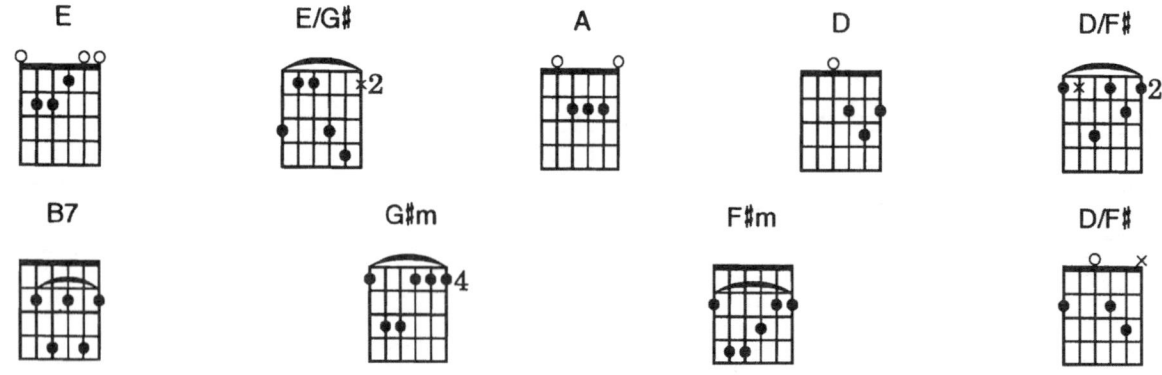

Introdução (2X): **E E/G# A D D/F# E**

Quem um dia **E/G# A** irá dizer
D
Que existe razão
E
Nas coisas feitas pelo coração?
E/G# A
E quem irá dizer
D D/F# E
Que não existe razão?

B7   **E**
Eduardo abriu os olhos mas não quis se levantar
A   **E**
Ficou deitado e viu que horas eram
B7   **E**
Enquanto Monica tomava um conhaque
A
Noutro canto da cidade
B7
Como eles disseram

E   **E/G#**   **A**
Eduardo e Monica um dia se encontraram sem querer
D   **D/F#**   **E**
E conversaram muito mesmo pra tentar se conhecer
E/G#   **A**
Foi um carinha do cursinho do Eduardo que disse:
D   **D/F#**   **E**
- Tem uma festa legal   e a gente quer se divertir
A
Festa estranha, com gente esquisita
D   **E**
- Eu não estou legal, não aguento mais birita
B7   **E**
E a Monica riu e quis saber um pouco mais
A   **E**
Sobre o boyzinho que tentava impressionar
B7   **E**
E o Eduardo meio tonto, só pensava em ir pra casa:
A   **B7**
- É quase duas, eu vou me ferrar

E   **E/G#**   **A**
Eduardo e Monica trocaram telefone
D   **D/F#**   **E**
Depois telefonaram e decidiram se encontrar
E/G#   **A**
O Eduardo sugeriu uma lanchonete
D   **D/F#**   **E**
Mas a Monica queria ver o filme do Godard
B7   **E**
Se encontraram então no parque da cidade
A   **E**
A Monica de moto e o Eduardo de camelo
B7   **E**
O Eduardo achou estranho e melhor não comentar
A   **B7**
Mas a menina tinha tinta no cabelo

E   **E/G#**   **A**
Eduardo e Monica eram nada parecidos
D   **D/F#**   **E**
Ela era de Leão e ele tinha dezesseis
E/G#   **A**
Ela fazia medicina e falava alemão
D   **E**
E ele ainda nas aulinhas de inglês
E/G#   **A**
Ela gostava do Bandeira e do Bauhaus,
D
Van Gogh e dos Mutantes,
D/F#   **E**
De Caetano e de Rimbaud
E/G#   **A**
E o Eduardo gostava de novela
D   **E**
E jogava futebol de botão com seu avô
E/G#   **A**
Ela falava coisas sobre o Planalto Central
D   **D/F# E**
Também magia e medita__ção
E/G#
E o Eduardo ainda estava

```
       A            D                E
No esquema "escola, cinema, clube, televisão"
   B7              E
E mesmo com tudo diferente
       A
Veio mesmo de repente
              E
Uma vontade de se ver
   B7                    E
E os dois se encontravam todo dia
             A
E a vontade crescia
     B7
Como tinha de ser

            E     E/G#    A
Eduardo e Monica fizeram natação, fotografia,
    D          D/F#  E
Teatro e artesanato e foram viajar
      E/G#          A
A Monica explicava pro Eduardo
             D    D/F#    E
Coisas sobre o céu, a terra, a água e o ar
                                 A
Ele apredeu a beber, deixou o cabelo crescer
 D           E
E decidiu trabalhar
       E/G#    A
E ela se formou no mesmo mês
           A           E
Em que ele passou no vestibular
        E/G#          A
E os dois comemoraram juntos
           D                          E
E também brigaram juntos muitas vezes depois
       E/G#             A                      D
E todo mundo diz que ele completa ela e vice-versa
```

```
         D/F#     E
Que nem feijão com arroz
       B7                      E
Construíram uma casa uns dois anos atrás
        A                       E
Mais ou menos quando os gêmeos vieram
   B7                       E
Batalharam grana e seguraram legal
      A               B7
A barra mais pesada que tiveram

         E      E/G#     A
Eduardo e Monica voltaram pra Brasília
           D                       E
E a nossa amizade dá saudade no verão
                              A
Só que nessas férias não vão viajar
              D
Porque o filhinho do Eduardo
     E
Tá de recuperação

            E/G#  A
E quem um dia  irá dizer
    D
Que existe razão
       E
Nas coisa feitas pelo coração?
    A
E quem irá dizer
       D           E
Que não existe razão?

Instrumental (5X):  D  E

Final:  B7  A  G#m  F#m  E
```

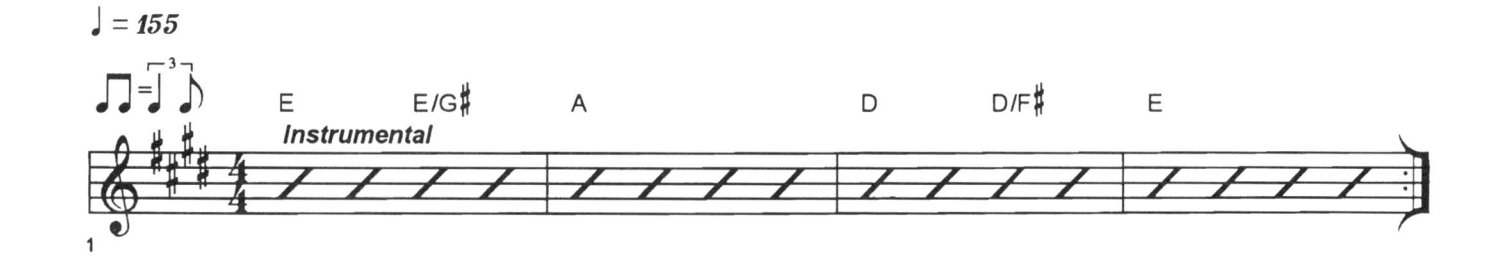

♩ = 155

©Copyright 1986 by EDIÇÕES MUSICAIS TAPAJÓS LTDA.
Todos os direitos autorais reservados para todos os países. All rights reserved.

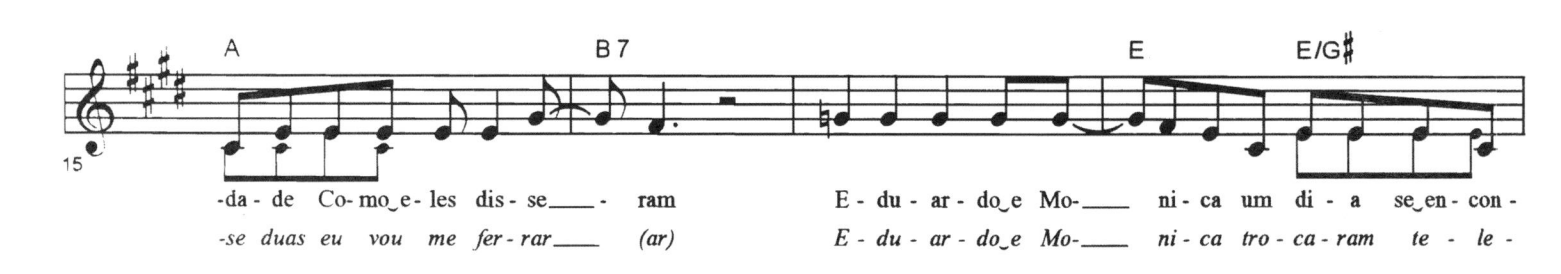

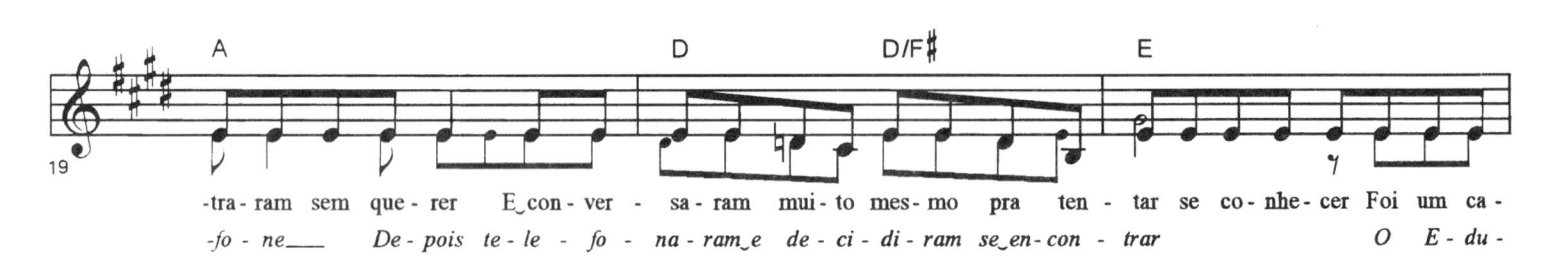

[B7] -ar-do a-briu os o-lhos mas não quis se le-van-tar Fi-cou dei-ta-do e viu que horas e-
Mo-ni-ca riu__ e quis sa-ber um pou-co mais so-bre o boy-zi-nho que ten-ta-va im-pres-sio-

[E] -ram [B7] En-quan-to Mo-ni-ca to-ma-va um co-nha-que [E] Nou-tro can-to da ci-
-nar E o E-du-ar-do me-io ton-to, só pen-sa-va em ir pra ca-sa: -É qua-

[A] -da-de Co-mo e-les dis-se___ram [B7] E-du-ar-do e Mo-___ni-ca um di-a se en-con- [E] [E/G#]
-se duas eu vou me fer-rar___ (ar) E-du-ar-do e Mo-___ni-ca tro-ca-ram te-le-

[A] -tra-ram sem que-rer E con-ver-sa-ram mui-to mes-mo [D] pra ten-tar se co- [D/F#] nhe-cer [E] Foi um ca-
-fo-ne__ De-pois te-le-fo-na-ram e de-ci-di-ram se en-con-trar O E-du-

[E/G#] -ri-nha do cur-si-nho do E-du-ar-do que dis- [A] se: Tem uma fes-ta le-gal e a gen-te [D] [D/F#]
-ar-do su-ge-riu u-ma lan-cho-ne-te Mas a Mo-ni-ca que-ri-a ver o fil-me do Go-

[E] quer se di-ver-tir [A] **1.** Fes-ta es-tra-nha com gen-te es-qui-si-ta [D] Eu não es-tou le-gal não a-
-dard Se en-con-

[E] -guen-to mais bi-ri-ta E a **2.** [B7] -tra-ram en-tão no par-que da ci- [E] da-de A Mo-ni-ca de [A] mo-to e o E-du-ar-do de ca-

-me-lo O Eduardo achou estranho e melhor não comentar Mas a menina tinha tinta no cabelo Eduardo e Mônica eram nada parecidos Ela era de Leão e ele tinha dezesseis Ela fazia medicina e falava alemão E ele ainda nas aulinhas de inglês Ela gostava do Bandeira e do Bauhaus, Van Gogh e dos Mutantes, de Caetano e de Rimbaud E o Eduardo gostava de novela E jogava futebol de botão com seu avô

E o Eduardo ainda estava No esquema "escola, cinema, clube, televisão" E mesmo com tudo diferente Veio mesmo de repente Uma vontade de se ver E os dois se encontravam todo dia E a vontade crescia

-iram uma casa uns dois anos atrás, Mais ou menos quando os gêmeos vieram Batalharam grana e seguraram legal A barra

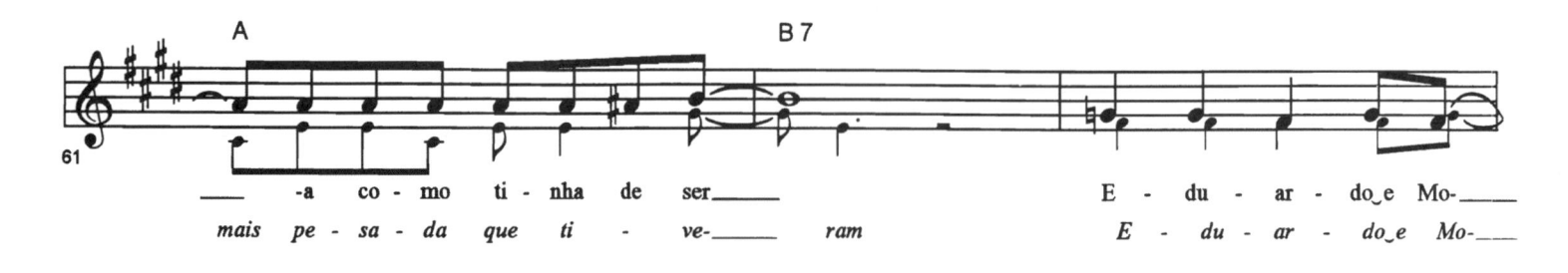

A		B7	

-a co- mo ti- nha de ser___   E- du- ar- do e Mo-
mais pe- sa- da que ti- ve-___ ram   E- du- ar- do e Mo-

E	E/G#	A	D	D/F#

___-ni- ca fi- ze- ram na- ta- ção, fo- to- gra- fi- a, Te- a- tro e ar- te- sa- na- to e
___-ni- ca vol- ta- ram pra Bra- sí- lia E a nos- sa a- mi- za- de dá sau- da- de no ve-

E		E/G#	A

fo- ram vi- a- jar   A Mo- ni- ca ex- pli- ca- va pro E- du- ar- do coi- sas so- bre o céu, a
-rão___ Só que nes- sas fé-___ rias não vão vi- a- jar   Por- que o fi-

D	D/F#	E	

ter- ra, a á- gua e o ar   E le a- pren- deu a be- ber, dei- xou o ca-
-lhi- nho do E- du- ar- do Tá de re- cu- pe- ra- ção ah ah ha___

A	D	E	E/G#	A

-be- lo cres- cer   E de- ci- diu tra- ba- lhar___   E e- la se for- mou___ no mes- mo mês Em que e- le pas-

D	E	E/G#	A

-sou no ves- ti-___ bu- lar   E os dois___ co- me- mo- ra- ram jun- tos E tam- bém bri- ga- ram

D	E	E/G#

jun- tos mui- tas ve- zes de- pois___   E to- do mun- do diz que e- le com-

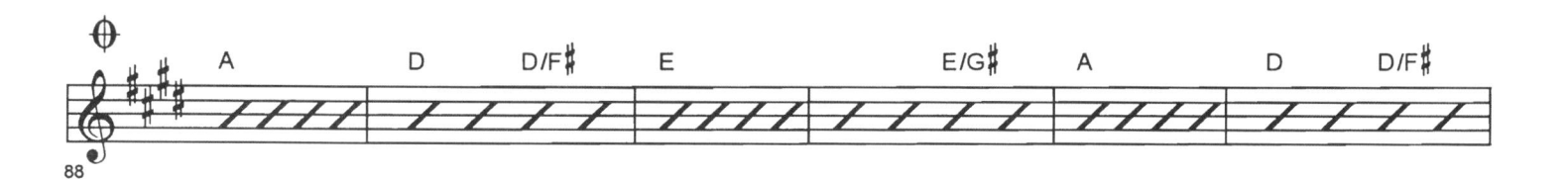

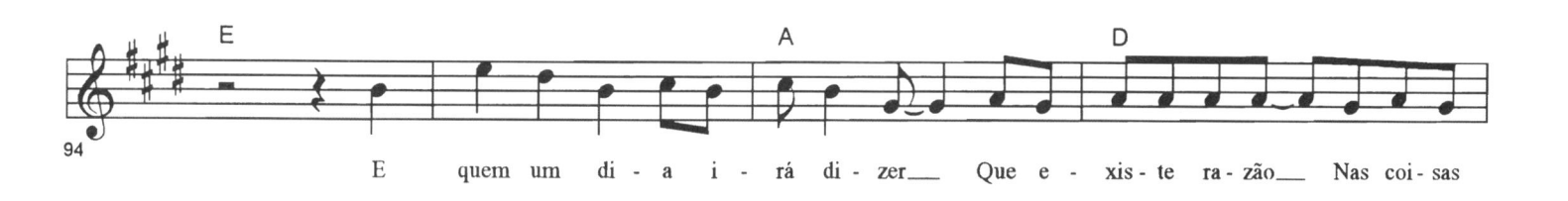

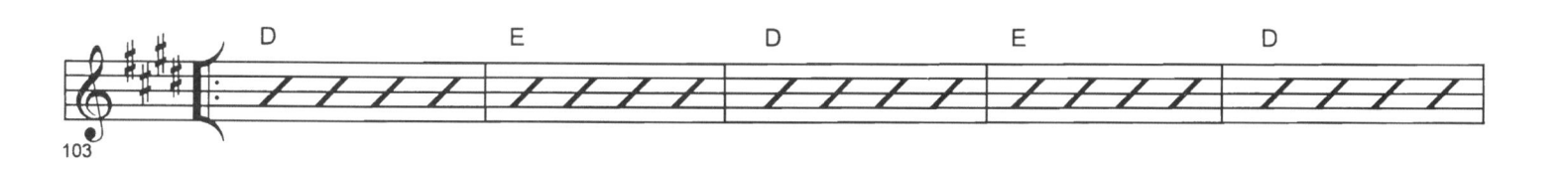

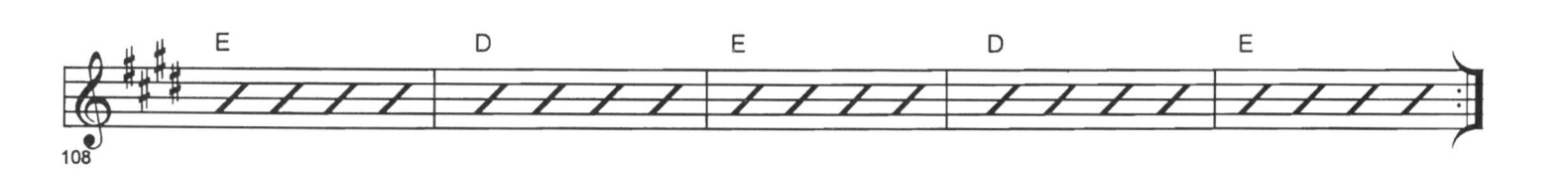

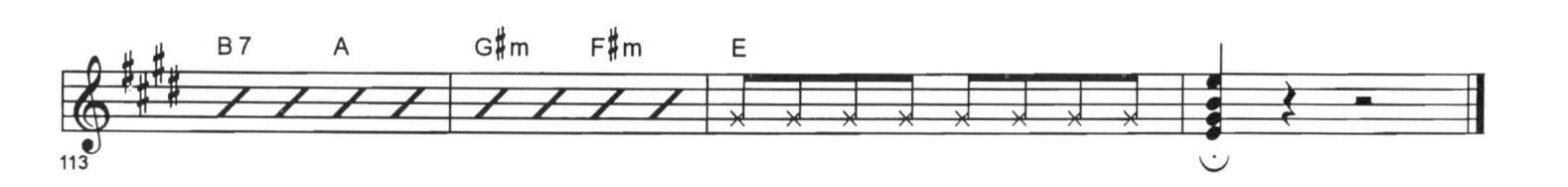

-ple-ta e-la e vi-ce ver-sa___ Que nem fei-jão com ar-roz___ Cons-tru-

E quem um di-a i-rá di-zer___ Que e-xis-te ra-zão___ Nas coi-sas fei-tas pe-lo co-ra-ção?___ E quem i-rá di-zer___ Que não e-xis-te ra-zão?

Por enquanto

RENATO RUSSO

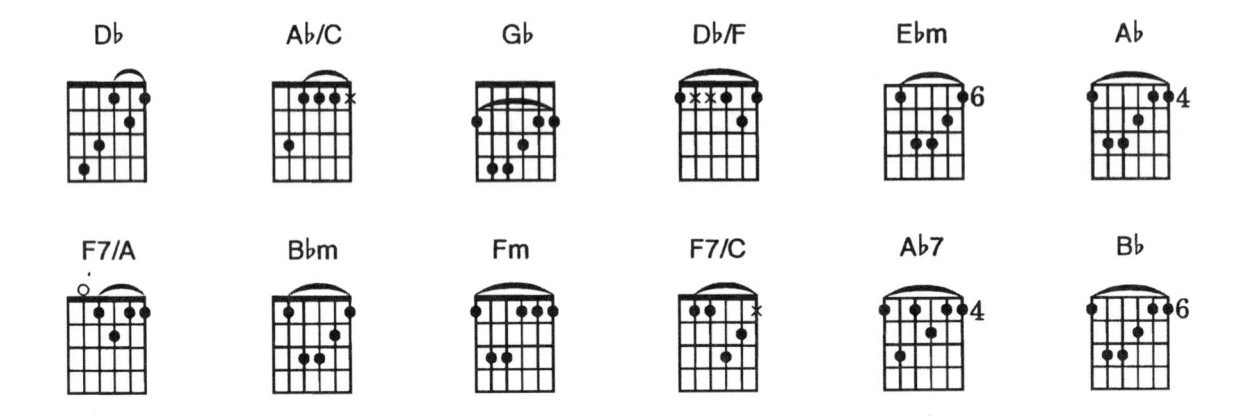

Introdução: **Db Ab/C Gb Db/F Gb Ebm**
Gb Ab F7/A Bbm Fm Gb Db F7/C
Bbm Fm Gb Fm Gb Ebm Ab7

Db **Ab/C** **Gb** **Fm**
Mudaram as estações e nada mudou
Gb **Ebm**
Mas eu sei que alguma coisa aconteceu
Gb **Ab F7/A Bbm**
Está tudo assim tão diferente
Fm **Gb** **Db F7/A Bbm**
Se lembra quando a gente chegou um dia a acreditar
Fm **Gb** **Fm**
Que tudo era pra sempre sem saber
Gb **Ebm** **Ab7**
Que o pra sempre sempre acaba?

Db **Ab/C** **Gb** **Fm**
Mas nada vai conseguir mudar o que ficou
Gb
Quando penso em alguém
Ebm
Só penso em você
Gb **Ab** **F7/A**
E aí então estamos bem
Bbm **Fm** **Gb**
Mesmo com tantos motivos pra deixar
Db F7/C Bbm **Fm**
Tudo como está e nem desistir nem tentar
Gb
Agora tanto faz
Ebm **Ab7** **Db**
Estamos indo de volta pra casa

Instrumental rep. ad lib: **Gb Fm Bb Db**

♩ = 120

Sequencer — Fade in

| Db | | | | Db | Ab/C |

Instrumental

| Gb | Db/F | Gb | Ebm | Gb |

| Ab | F7/A | Bbm | Fm | Gb | Db | F7/C |

| Bbm | Fm | Gb | Fm | Gb |

| Ebm | Ab7 | | Tacet (4) | Db Sequencer | |

Voz

Db — Ab/C — Gb — Fm

Mu - da - ram as es - ta - ções___ e na - da__ mu - dou (u)___ Mas eu

Gb — Ebm — Gb — Ab — F7/A

sei que_al - gu - ma coi - sa a - con - te - ceu__ Es - tá tu - do_as - sim__ tão di___- fe - ren__- te

©Copyright 1984 by EDIÇÕES MUSICAIS TAPAJÓS LTDA.
Todos os direitos autorais reservados para todos os países. All rights reserved.

| Bbm | Fm | Gb | Db F7/A |

Se lem-bra quan-do a gen-te che-gou um di-a a-cre-di-tar

| Bbm | Fm | Gb | Fm | Gb |

Que tu-do e-ra pra sem-pre sem sa-ber Que o pra sem-pre

| Ebm | Ab7 | Db | Ab/C |

sem-pre a-ca- ba? Mas na-da vai con-se-guir mu-dar

| Gb | Fm | Gb | Ebm |

o que fi-cou Quan-do pen-so em al-guém Só pen-so em vo-cê E a-

| Gb | Ab F7/A | Bbm | Fm |

-i en-tão es-ta- mos bem Mes-mo com tan-tos mo-ti-vos pra dei-

| Gb | Db F7/C | Bbm | Fm |

-xar Tu-do co-mo es-tá e nem de-sis-tir nem ten-tar A-go-ra

| Gb | Ebm | Ab7 | Db |

tan-to faz Es-ta-mos in-do de vol-ta pra ca-sa

Rep. ad libitum | Gb **Instrumental** | Fm | Bb | Db |

Fade out

Geração Coca-Cola

RENATO RUSSO

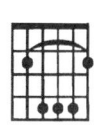

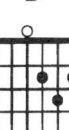

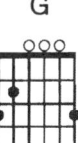

[B] [D] [A] [G]

Introdução: **B D A B D A**

[B]
Quando nascemos fomos programados [D]
[A]
A receber o que vocês [B] nos empurraram
[D] [A] [B]
Com os enlatados dos USA de nove às seis
[D]
Desde pequenos nós comemos lixo
[A] [B]
Comercial e industrial

Mas agora chegou nossa vez
[D] [A] [B]
Vamos cuspir de volta o lixo em cima de vocês

[A] [G] [B]
Somos os filhos da revolução
[D] [G] [B]
Somos burgueses sem religião
[A] [G]
Somos o futuro da nação
[A] [D] [B]
Geração Coca-Cola

[D]
Depois de vinte anos na escola
[A] [B]
Não é difícil aprender
[D]
Todas as manhas do seu jogo sujo
[A] [B]
Não é assim que tem que ser?

[D]
Vamos fazer nosso dever de casa
[A] [B]
E aí então vocês vão ver

Suas crianças derrubando reis
[D] [A] [B]
Fazer comédia no cinema com as suas leis

[A] [G] [B]
Somos os filhos da revolução
[D] [G] [B]
Somos burgueses sem religião
[A] [G]
Somos o futuro da nação
[A] [D] [B]
Geração Coca-Cola
[A] [D] [B]
Geração Coca-Cola
[A] [D] [B]
Geração Coca-Cola
[A] [D] [B]
Geração Coca-Cola

Vocalize: **G A B G A B G A B**

Depois de vinte anos na escola *(etc.)*

Geração Coca-Cola

♩ = 192

RENATO RUSSO

Quan-do nas-ce-mos fo-mos pro-gra-ma-dos
A re-ce-ber o que vo-cês nos em-pur-ra-ram Com os
en-la-ta-dos dos USA de no-ve às seis

Des-de pe-que-nos nós co-me-mos li-xo
Co-mer-ci-al e in-dus-tri-al Mas a-go-ra che-gou
nos-sa vez Va-mos cus-pir de vol-ta o li-xo em ci-ma de vo-cês

So-mos os fi-lhos da re-vo-lu-ção
So-mos bur-gue-ses sem re-li-gi-ão
So-mos o fu-tu-ro da na-ção Ge-ra-ção Co-ca Co-la

De-pois de vin-te a-nos na es-co-la Não é di-fí-cil a-
Va-mos fa-zer nos-so de-ver de ca-sa E ai en-tão vo-cês

©Copyright 1984 by EDIÇÕES MUSICAIS TAPAJÓS LTDA.
Todos os direitos autorais reservados para todos os países. All rights reserved.

-pren-der___ Todas as manhãs do seu
___ vão ver___ Suas crianças derru-
jo-go su___-jo Não é assim que tem que ser?___
ban-do reis___ Fazer comédia no cinema com as suas leis___

So-mos os fi-lhos da re-vo-lu-ção___ So-mos bur-gue-ses sem re-
-li-gi-ão___ So-mos o fu-tu-ro da na-ção___ Ge-ra-ção___ Co-ca Co___-la
Ge-ra-ção___ Co-ca Co___-la - Ge-ra-ção___ Co-ca Co___-la - Ge-ra-ção___
Co-ca Co___-la___ Ô ô___

Vocalize

ô___ ô ô ô___ ô ô___

ô___ Ao 𝄋 e 𝄌 Co-ca Co___-la___

Tempo perdido

RENATO RUSSO

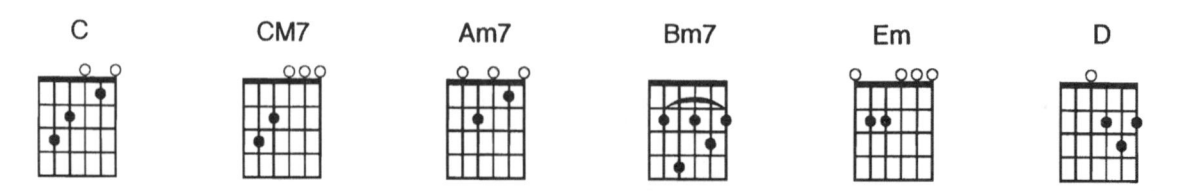

[Chord diagrams: C, CM7, Am7, Bm7, Em, D]

Introdução: *CM7 Am7 Bm7 Em Em D C*
              C Bm7 Am7 Bm7 Em

      C   *Am7 Bm7*
Todos os dias quando acordo
           Em
Não tenho mais o tempo que passou
    C   *Am7*
Mas tenho muito tempo
   Bm7   *Em* *C*
Temos todo o tempo do mundo
      Am7
Todos os dias antes de dormir
Bm7   *Em*
Lembro e esqueço como foi o dia
C   *Am7*
Sempre em frente
  Bm7   *Em*
Não temos tempo a perder

      C   *Am7*
Nosso suor sagrado
    Bm7   *Em*
É bem mais belo que esse sangue amargo
   C   *Am7*
E tão sério
 Bm7 Em *Bm7 Em* *Bm7 Em*
E selva__gem, selva__gem selva__gem

      C   *Am7*   *Bm7*
Veja o sol dessa manhã tão cinza
     Em
A tempestade que chega
C   *Am7*   *Bm7 Em*
É da cor dos teus olhos casta___nhos
         C   *Am7*
Então me abraça forte
Bm7   *Em*
E diz mais uma vez que já estamos
 C   *Am7*
Distantes de tudo
Bm7   *Em*
Temos nosso próprio tempo
Bm7   *Em*
Temos nosso próprio tempo
Bm7   *Em*
Temos nosso próprio tempo

     C   *Am7*   *Bm7*
Não tenho medo   do escuro
         Em   *C*   *Am7 Bm7 Em*
Mas deixe   as luzes acesas   ago___ra
          C   *Am7*
O que foi escondido é o que se escondeu
       Bm7   *Em*
E o que foi prometido, ninguém prometeu
         C   *Am7*
Nem foi tempo perdido
     Bm7 Em
Somos tão jo___vens
 Bm7 Em
Tão jo___vens
 Bm7 Em
Tão jo___vens

♩ = 182   **Só guitarra** *(harmonia opcional)*

[Sheet music notation with chords: CM7, Am7, Bm7, Em, Em D]

©Copyright 1985 by EDIÇÕES MUSICAIS TAPAJÓS LTDA.
Todos os direitos autorais reservados para todos os países. All rights reserved.

C C Bm7 Am7 Bm7 Em
com ritmo
9
Voz
C Am ⁒ Bm7
16
To- dos os di- as quan- do‿a - cor - do____ Não te- nho mais o
Em C Am7 Bm7
23
tem- po que pas - sou Mas te- nho mui - to tem - po__ Te- mos to - do‿o tem- po do
Em ⁒ C Am7 Bm7
31
mun- do To- dos os di- as___ an- tes de dor - mir Lem- bro‿e‿es- que- ço co- mo foi o
Em7 ⁒ C Am7 Bm7 Em
39
di - a Sem- pre‿em fren- te______ Não te - mos tem- po‿a per - der Nos- so su-
C Am7 Bm7 Em
3
49
-or sa - gra - do É bem mais be- lo que‿es- se san- gue‿a - mar - go__ E tão
C Am7 Bm7 Em Bm7
3
57
sé - ri - o______________ E sel - va_____- gem_____ Sel- va___- gem______
Em Instrumental C Am7 Bm7
8
67
___ Ve - ja‿o sol___ des- sa ma - nhã tão cin - za__ A tem- pes-

-ta- de que che- ga_é da cor dos teus o - lhos___ Cas - ta-___ nhos___ En- tão me_a-

-bra- ça for - te___ E diz mais u- ma vez que já es - ta- mos Dis - tan - tes

de tu - do Te- mos nos- so pró- prio tem - po Te- mos nos- so

pró - prio tem - po Não te - nho me - do___ do_es - cu -
foi es - con - di - do_é o que se_es - con -

-ro___ Mas dei - xe as lu - zes A -
-deu E_o que foi pro - me - ti - do nin - guém pro - me - teu Nem foi tem - po per -

-ce- sas___ a - go___- ra O que
-di - do___ So - mos tão jo___- vens___ Tão

jo___- vens___ Tão jo___- vens___

Instrumental

Angra dos Reis

RENATO RUSSO,
RENATO ROCHA e
MARCELO BONFÁ

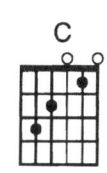

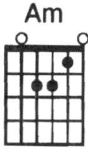

Introdução (2X): **C Gm7 C Gm**

C Dei__**Gm7**xa, **C** se fosse sempre assim **Gm** quen__**C** te **Gm7**
C Deita aqui perto **Gm** de mim
C Tem di__**Gm7**as **C** em que tudo está em paz **Gm**
C E ago__**Gm7**ra **C** os dias são iguais **Gm**
C Se fosse só sentir saudade **Am** mas tem sempre algo mais **Bb**
Seja como for, **C** é uma dor que dói no peito **Am**
Pode rir **Bb** agora que estou sozi__**Am**nho
Mas não venha me roubar **Bb**

Introdução

C Vamos brincar **Gm** perto da usina **C**
Gm7 Deixa pra lá, **C Gm7** a angra é dos **C** reis
Gm7 Por que se explicar **C Gm7** se não existe perigo? **C Gm7**
C Senti seu coração perfeito **Am** batendo à toa e isso dói **Bb**
Seja como for, **C** é uma dor que dói no peito

Am **Bb** **Am**
Pode rir agora que estou sozi__nho
Bb
Mas não venha me roubar

Introdução

Bb Vai ver que não é nada disso
Am Vai ver que já não sei quem sou
Bb Vai ver que nunca fui o mesmo
Am A culpa é toda sua e nunca foi
Bb Mesmo se as estrelas começassem a cair **Am**
E a luz queimasse tudo ao redor
Bb E fosse o fim chegando cedo
Am E você visse nosso corpo em chamas
C Dei_____**Gm7 C**xa **Gm7** pra lá **C Gm7 C**

Gm Quando as estrelas começarem a cair **C Gm**
C Me diz, me diz pra onde é que a gente vai fugir? **Gm7 C**

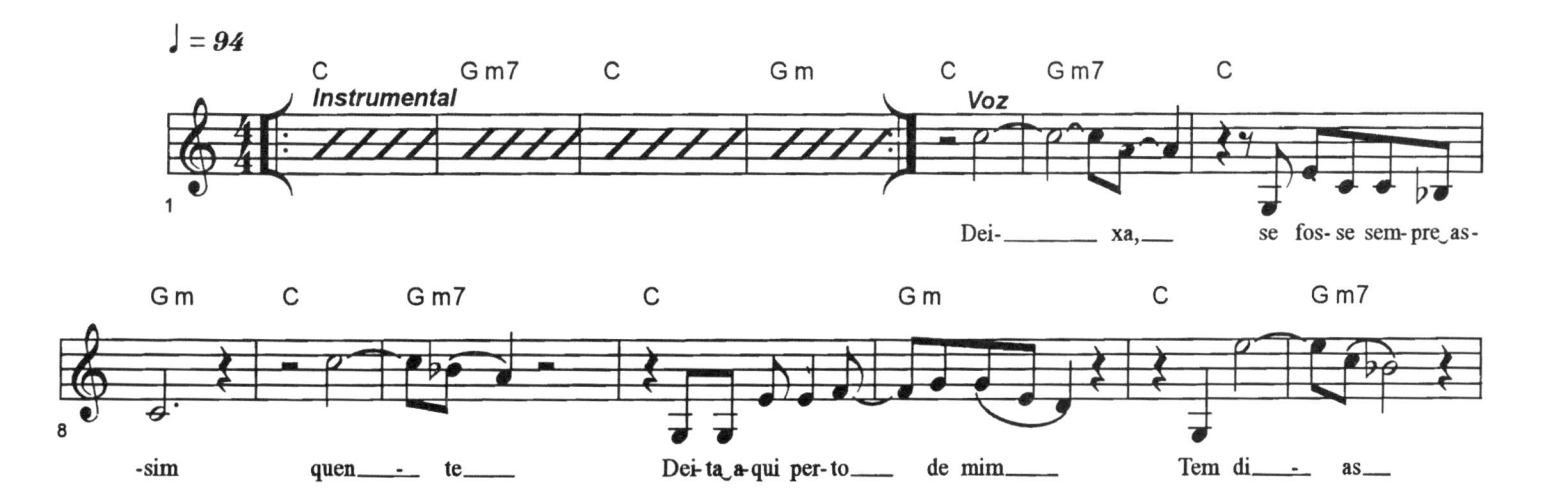

♩ = 94

©Copyright 1984 by EDIÇÕES MUSICAIS TAPAJÓS LTDA.
Todos os direitos autorais reservados para todos os países. All rights reserved.

em que tu-do_es-tá em pa - a - a - a - a - az E_a - go — ra — os di- as são i-gua-(is)

Se fos-se só sen-tir sau-da - de, — mas tem sem-pre al-go mais

— Se-ja co-mo for, é u-ma dor que dói no pei - to — Po-de rir a-go-ra

— que es-tou so-zi - nho — Mas não ve-nha me rou-bar

Vamos brin-car per-to da u-

-si-na — Dei-xa pra lá, — a an-gra_é dos — reis — Por-que se_ex-pli-

-car se não_e-xis-te pe - ri - go? — Sen-ti seu co-ra - ção per-fei - to —

ba-ten-do_à toa e is-so dói — Se-ja co-mo for, é u-ma dor que dói no pei - to —

Po- de rir a - go- ra__ que es- tou so- zi__- nho_____ Mas não ve- nha me rou- -bar_____

Vai ver que não é na- da dis__- so__ Vai ver que já não sei quem sou__

Vai ver que nun- ca fui o__ mes__- mo__ A cul- pa_é to- da sua e nun- ca foi__

Mes- mo se_as es- tre- las co- me- ças- sem a ca- ir E_a luz quei- mas- se tu- do ao re- dor E

fos- se_o fim____ che- gan- do ce- do E vo- cê vis- se nos- so cor- po_em cha- mas_ (as) Dei-____

_____ -xa__ pra lá_____ Quan- do_as es-

-tre- las_____ co- me- ça- rem a ca- ir Me diz, me diz__ pra_on- de_é que_a gen- te vai fu- gir?__

Dezesseis

RENATO RUSSO,
DADO VILLA-LOBOS e
MARCELO BONFÁ

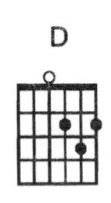

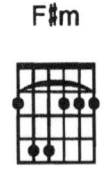

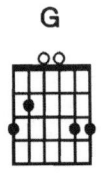

[Chord diagrams: A, D, F#m, E7, G, E/G#]

Introdução: **A**

D
João Roberto era o maioral, o nosso Johnny
               A
Era um cara legal a ha ha
D
Ele tinha um Opala metálico azul
   A   **F#m**   **E7**   **A**
Era o rei dos pegas na Asa Sul e em todo lugar
     F#m
Quando ele pegava no violão
G
Conquistava as meninas e quem mais quisesse ver
D   **E7**
Sabia tudo da Janis, do Led Zeppelin
                    A
Dos Beatles e dos Rolling Stones
   D
Mas de uns tempos pra cá
                               A
Meio sem querer, alguma coisa aconteceu a ha ha
D   **A**
Johnny andava meio inquieto demais
            F#m   **E7**
Só que quase ninguém percebeu
      F#m
Johnny estava com um sorriso estranho
G   **D**
Quando marcou um super pega no fim de semana
                 E7   **A**
Não vai ser no CASEB, nem no Lago Norte, nem na UNB
D
As máquinas prontas, o ronco de motor
                          A
A cidade inteira se movimentou a ah ah
  D
E Johnny disse:
                     A   **F#m** **E7**
- Eu vou pra Curva do Diabo em Sobradinho e vocês?

        A   **E/G#**
E os motores saíram ligados a mil
   G   **D**
Pra estrada da morte, o maior pega que existiu
  A   **E/G#**
Só deu pra ouvir foi aquela explosão
  G   **D**
E os pedaços do Opala azul de Johnny pelo chão
  A   **E/G#**
No dia seguinte falou o diretor:
   G   **D**
- O aluno João Roberto não está mais entre nós
   A   **E/G#**
Ele só tinha dezesseis
  G   **D**
Que isso sirva de aviso pra vocês
   A   **E/G#**
E na saída da aula foi estranho e bonito
  G   **D**
Todo mundo cantando baixinho
               A   **E/G#**
Strawberry fields forever
               G
Strawberry fields forever
           A
E até hoje quem se lembra
          E/G#
Diz que não foi o caminhão
  G   **D**
Nem a curva fatal e nem a explosão
  A   **E/G#**
Johnny era fera demais pra vacilar assim
                    G
E o que dizem é que foi tudo por causa
            D   **A** **E/G#**
De um coração partido, um coração
G   **D**
Um coração
A   **E/G#**
Bye bye, Johnny
          G   **D**
Johnny bye bye bye bye Johnny

©Copyright 1996 by CORAÇÕES PERFEITOS EDIÇÕES MUSICAIS LTDA.
Citação musical: Strawberry Fields Forever - John Lennon e Paul McCartney
©Copyright by EMI SONGS DO BRASIL LTDA.
Todos os direitos autorais reservados para todos os países. All rights reserved.

-bi - a tu - do da Ja- nis, do Le - d - Zep - pe - lin Dos Bea - tles e dos Rol-
Não vai ser no CA- SEB, nem no La - go Nor - te nem na U - N - B

-ling Sto- nes Mas de uns
As

(Ao %, 2 vezes e ⊕)

E os mo - to - res sa - í - ram li - ga - dos a mil
No di - a se guin - te fa - lou o di - re - tor:
E na sa - í - da da au - la foi es - tra - nho e bo - ni-

Pra es - tra - da da mor - te o ma - ior pe - ga que e - xis - tiu
O a - lu - no João Ro - ber - to não es - tá mais en - tre nós
-to To - do

Só deu pra ou - vir foi a - que - la ex - plo - são E os pe - da-
E - le só ti - nha de - zes - seis Que is - so sir-

-ços do O - pa - la a zul de John - ny pe - lo chão
-va de a - vi - so pra vo - cês

mun - do can - tan - do bai - xi - nho S - traw - ber - ry fi - elds for - e - ver

E/G♯ G D
57
S - traw - ber - ry fi - elds for - e - ver
E a- té ho-
A E/G♯
63
-je quem se lem- bra Diz não foi o ca- mi - nhão
fe - ra de - mais pra va - ci - lar as -
G D
66
Nem a cur - va fa - tal e nem a ex- plo - são
-sim E o que di - zem é que foi tu - do por cau - sa de um co - ra- ção par- ti - do,
A E/G♯
70
John - ny e - ra -o Um co - ra -
um co- ra - ção (o) Um co - ra -
-ção
G D
75
-ção (o) Um co - ra-
-ção
Rep. ad libitum
A Coro responde E/G♯ G
79
-ção Um co - ra - ção
Bye bye bye John - ny John - ny bye bye
D
84
Um co - ra-
Bye bye John - ny
Fade out

1º de julho

RENATO RUSSO

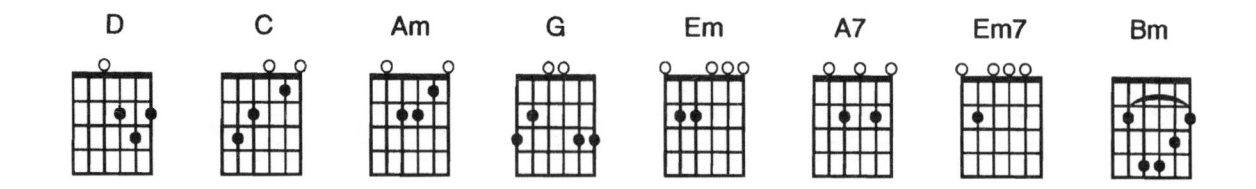

Introdução (4 vezes): **D C Am G**

D   C   Am   G
Eu vejo que aprendi o quanto te ensinei
D   C   Am G
E nos teus braços que ele vai saber
D   C
Não há por que voltar
Am   G
Não penso em te seguir
D   C   Am G
Não quero mais a tua insensatez
D
O que fazes sem pensar aprendeste do olhar
Em   A7   D   G D G
E das palavras que guardei   pra ti

D   C Am
Não penso em me vingar
G
Não sou assim
D   C   Am   G
A tua insegurança era por mim
D   C
Não basta o compromisso
Am   G
Vale mais o coração
D   C
Já que não me entendes
Am   G
Não me julgue, não me tente
D
O que sabes fazer agora
Em7
Veio tudo de nossas horas
G   A7   D   G D G
Eu não minto, eu não sou assim

D   G
Ninguém sabia e ninguém viu
D   G
Que eu estava a teu lado então
G   Em7
Sou fera sou bicho sou anjo e sou mulher
Am
Minha mãe e minha filha
D
Minha irmã minha menina
G
Mas sou minha, só minha
Em7
E não de quem quiser
A7   D   Bm C D Bm C
Sou Deus, tua deusa, meu amor

D   Bm   C
Alguma coisa aconteceu
D   Bm   C   D
Do ventre nasce um novo coração

Não penso em me vingar...
A7   D   C Am G D C Am G
...Sou Deus, tua Deusa, meu amor

D C Am G   D C Am G
Baby, baby, baby, baby, yeah
D   C
O que fazes por sonhar
Am   G   D   C   Am   G
É o mundo que virá pra ti e para mim
D   Em7 A7
Vamos descobrir o mundo juntos, baby
D   G   Em7
Quero aprender com o teu pequeno grande coração
G   A7   D   G C Bm
Meu amor, meu amor
C   D
Baby

♩ = 96
D C Am G G
Instrumental
1,2,3.
4.
Voz
Eu
D C Am G
ve - jo que‿a - pren - di o quan - to te‿en - si - nei E nos
há por que vol - tar Não pen - so‿em te se - guir Não que-
D C Am G G D
1.
2.
teus bra - ços que‿e - le vai sa - ber Não O que fa - zes sem pen - sar
-ro mais a tua in - sen - sa - tez
D Em A7
a - pren des - te do o - lhar E das pa - la - vras que guar - dei pra ti
D ⁒ G ⁒ D ⁒ G D C
Não pen - so‿em me vin - gar
Am G D C Am G
Não sou as - sim A tu - a‿in - se - gu - ran - ça‿e - ra por mim Não
D C Am G D C
bas - ta‿o com - pro - mis - so Va - le mais o co - ra - ção Já que não me‿en - ten - des Não me jul-

___gue, não me ten___te / O que sabes fazer___ a-go___ra / Ve-io tu-do de nos___sas ho-___ras / Eu não min___to, eu não sou___ as-sim___

Nin-guém___ sa-bi___a / E nin___-guém viu___ / Que eu es-ta-va a___ teu la-do en-tão___ / Sou fe___ra sou bi___cho sou an___jo e sou mu-lher

Mi-nha mãe___ e mi-nha fi___lha minha ir-mã___ minha me-ni___na / Mas sou mi___nha, só mi-nha / E não___ de quem qui-ser___ / Sou Deus,___ tu-a deu___sa, meu a-mor

Al-gu-ma coi-sa a-con___te-ceu___ / Do ven-tre nas-ce um no___vo co___ra-ção___

Uh_____ Não penso em me vingar___
Não sou as-sim___ A tu__ a in-se-gu-ran-ça e-ra por mim___ Não
bas-ta o com-pro-mis-so Va-le ma-is o co-ra-ção___ Nin-guém sa-bia___
___ e nin-guém viu___ Que eu es-ta-va a___ teu la-do en-tão___ Sou fe___
Uh___ Ba-by ba-by ba-by ba-by y-eah___
O que fa-zes por so-nhar___ É o mun-do que vi-rá___ pra ti
e pa-ra mim___ Va-mos des-co-brir___ o mun-do jun-tos, ba-by___
Ah! Que-ro a-pren-der___ com o teu pe-que-no gran-de co-ra-ção___ Meu a-mor,___
meu a-mor___ Ah!___ Ba-by___

Que país é este

RENATO RUSSO

Em **C** **D**

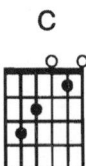

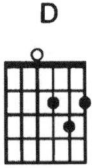

Introdução (4X): **Em C D**

    Em   **C D**
Nas favelas, no Senado
Em   **C D**
Sujeira pra todo la_do
         Em   **C D**
Ninguém respeita a constituição
     Em   **C**   **D Em C**
Mas todos acreditam no futuro da nação

D   **Em**   **C D**
Que país é esse?
    Em   **C D**
Que país é esse?
    Em   **C D**
Que país é esse?

Instrumental (4X): **Em C D**

      Em   **C D**   **Em**   **C D**
No Amazonas, no Araguaia, na Baixada Fluminense
        Em   **C D**   **Em**   **C D**
Mato Grosso, nas Geraes e no Nordeste tudo em paz
   Em   **C D**   **Em**   **C D**
Na morte eu descanso mas o sangue anda solto
    Em   **C D** **Em**   **C D**
Manchando os papéis, documentos fiéis
  Em   **C D**
Ao descanso do patrão

    Em   **C D**
Que país é esse?
    Em   **C D**
Que país é esse?
    Em   **C D**
Que país é esse?
    Em   **C D**
Que país é esse?

Instrumental (4X): **Em C D**

     Em   **C D**
Terceiro mundo se for
    Em   **C D**
Piada no exterior
      Em   **C**
Mas o Brasil vai ficar rico
D   **Em**   **C D**
Vamos faturar um milhão
      Em   **C D**
Quando vendermos todas as almas
    Em   **C D**
Dos nossos índios num leilão

    Em   **C D**
Que país é esse?
    Em   **C D**
Que país é esse?
    Em   **C D**
Que país é esse?
    Em   **C D Em**
Que país é esse?

♩ = 142
4X Instrumental
na 4ª vez
Voz
Em C D Em C D Em
Nas fa - ve- las, no Se -
C D Em C D Em
-na- do Su- jei- ra pra to- do la - -do Nin- guém res - pei- ta a cons- ti- tui- ção
C D Em C D Em C D
(ão) Mas to- dos a- cre- di- tam no fu - -tu- ro da na- ção Que pa -
Em C D Em C D Em C D
-ís é es - se? Que pa - ís é es - se? Que pa - ís é es - se?
manter a base
C D Em C D Em
No A- ma - zo- nas, no A- ra - gua- ia, (a- a) na Bai - xa- da Flu- mi- nen -
C D Em C D Em
-se Ma- to Gros - so, nas Ge - raes e no Nor - des- te tu- do em paz
C D Em C D Em
Na mor- te eu des- can - so mas o san- gue an- da sol - to

Man-chan-do os pa-péis, do-cu-'men-tos fi-éis
Ao des-can-so do pa-trão Que pa-ís é es-se? Que pa-ís é es-se? Que pa-ís é es-se? Que pa-ís é es-se?

simile à intro

Ter-cei-ro mun-do se for Pi-a-da no ex-te-rior (or) Mas o Bra-sil vai fi-car ri-co Va-mos fa-tu-rar um mi-lhão (ão) Quan-do ven-der-mos to-das as al-mas dos nos-sos ín-dios num lei-lão Que pa-ís é es-se? Que pa-ís é es-se? Que pa-ís é es-se? Que pa-ís é es-se?

Esperando por mim

RENATO RUSSO,
DADO VILLA-LOBOS e
MARCELO BONFÁ

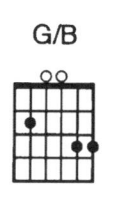

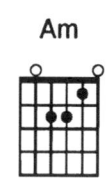

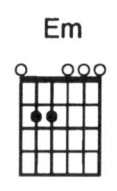

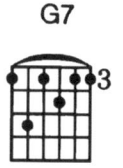

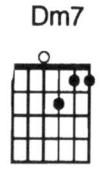

[Chord diagrams: C, G/B, Am, Em, F, G7, Dm7]

Introdução: **C**

Acho que você não percebeu *(G/B)*
Meu sorriso era sincero *(Am Em)*
Sou tão cínico às vezes *(F G7 C)* tempo todo *(Am)*
Estou tentando me defender *(Em G7)*
Digam o que disserem *(C G/B)*
O mal do século é a solidão *(Am Em)*
Cada um de nós imerso em sua própria arrogância *(F G7 C)*
Esperando por um pouco de afeição *(Am G7 C)*

Hoje não estava nada bem

Mas a tempestade me distrai

Gosto dos pingos de chuva

Dos relâmpagos e dos trovões

Hoje à tarde foi um dia bom *(Dm7 F)*
Saí pra caminhar com meu pai *(C G/B Am)*
Conversamos sobre coisas da vida *(Dm7 F)*
E tivemos um momento de paz *(C)*

É de noite que tudo faz sentido *(C)*

No silêncio eu não ouço meus gritos

E o que disserem *(G7)*
Meu pai sempre esteve *(Am Em)*
Esperando por mim *(F G7 C Am Em G7)*
E o que disserem *(C G7)*
Minha mãe sempre esteve *(Am Em)*
Esperando por mim *(F G7 C Am Em G7)*
E o que disserem *(C G/B)*
Meus verdadeiros amigos *(Am Em)*
Sempre esperaram por mim *(F G7 C Am Em G7)*
E o que disserem *(C G/B)*
Agora meu filho espera por mim *(Am Em F G7 C Am Em G7)*
Estamos vivendo *(C G/B)*
E o que disserem *(Am Em F)*
Os nossos dias serão para sempre *(G7 C Am Em G7)*

Repete ad libitum: **C G/B Am Em F G7**
C Am Em G7

Esperando por mim

RENATO RUSSO, DADO VILLA-LOBOS e MARCELO BONFÁ

♩ = 132

A- cho que você não per___ cebeu___ Meu sorriso era since-
___-ro___ Sou tão cínico às vezes tempo todo Estou tentando me defender___
Digam o que___ disse___-rem O mal do século é a solidão___ Cada um de nós i-
-merso em sua própria arrogância Esperando por um pouco de afeição___
Hoje não estava nada bem___ Mas a tempestade me distrai___
Gosto dos pingos da chuva Dos relâmpagos e dos trovões___ Hoje à tarde foi um dia bom___
Saí pra caminhar com meu pai Conversamos sobre coisas da

©Copyright 1996 by CORAÇÕES PERFEITOS EDIÇÕES MUSICAIS LTDA.
Todos os direitos autorais reservados para todos os países. All rights reserved.

vi - da E ti - ve - mos um mo - men - to de paz É de

noi - te que tu - do faz sen - ti - do No si - lên-cio eu não ou - ço meus gri - tos

E o que dis - se - rem Meu pai sem-pre es - te - ve Es - pe - ran - do__ por
E o que dis - se - rem Minha mãe sem - pre es - te - ve Es - pe - ran - do__ por

mim E o que dis - se - rem__ Meus ver - da - dei - ros a -
mim

-mi - gos__ Sem - pre es - pe - ra - ram__ por mim E o que dis -

-se - rem A - go - ra meu fi - lho es - pe - ra__ por mim Es - ta - mos vi -

-ven - do E o que dis - se - rem__ Os nos - sos di - as se - rão__ pa - ra sem - pre

Rep. ad libitum

Instrumental

Fade out

Quase sem querer

DADO VILLA-LOBOS,
RENATO RUSSO e
RENATO ROCHA

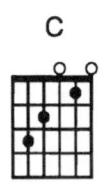

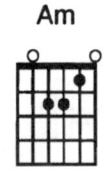

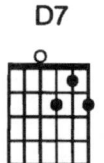

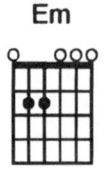

Introdução: **G C G C**

G   Am C D7 G
　Tenho andado distraído
　　Am C D7 G
Impaciente e indeciso
　　　　Am
E ainda estou confuso
　　C   D7 G
Só que agora é diferente
　　　Am
Estou tão tranquilo
C   D7 C
E tão contente

　　　D7   C D7 G
Quantas chances desperdi__cei
　　　　Em   Bm Am
Quando o que eu mais queria

Era provar pra todo o mundo
D7
Que eu não precisava

Provar nada pra ninguém

　　G   Am
Me fiz em mil pedaços
C   D7
Pra você juntar
　　G   Am
E queria sempre achar
C   D7
Explicação pro que eu sentia
　　G   Am
Como um anjo caído
C   D7
Fiz questão de esquecer
　　G   Am
Que mentir pra si mesmo
　　C   D7 C
É sempre a pior mentira

D7 C D7 G
Mas　não sou mais
Em   Bm Am   D7
Tão criança　a ponto de saber tudo

REFRÃO:
　　C   Am
Já não me preocupo
　　D7   G
Se eu não sei porque
　C   Am
Às vezes o que eu vejo
　　D7   C
Quase ninguém vê
　C   Am
E eu sei que você sabe
　D7   G
Quase sem querer
　　C   D7   G
Que eu vejo o mesmo que você

　　Am   C   D7
Tão correto e　tão bonito
　G   Am
O infinito é realmente
　　C   D7
Um dos deuses mais lindos
G   Am
Sei que às vezes uso
　C   D7
Palavras repetidas
G   Am
Mas quais são as palavras
　C   D7
Que nunca são ditas?

C   D7 C D7 G Em Bm Am
Me disseram que vo_cê　estava chorando
　　　　　　　　　　D7
E foi então que percebi

Como lhe quero tanto

Refrão

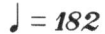

Tenho andado distraído
Impaciente e indeciso
E ainda estou confuso
Só que agora é diferente
(Es)tou tão tranquilo
E tão contente
Quantas chances desperdicei
Quando o que eu mais queria
Era provar pra todo mundo
Que eu não precisava
Provar nada pra ninguém
Me fiz em mil pedaços
Pra você juntar
E queria sempre a-

```
       Am              C           D7            G            Am
-char Ex-pli-ca-ção pro que eu sen-ti-a    Co-mo um an-jo__ ca-í-do Fiz ques-

        C            D7            G           Am            C
-tão de es-que-cer    Que men-tir pra si mes-mo É sem-pre a pi-or men-

     D7      C         D7      C        G           Em        Bm        Am
-ti-ra__   Mas_____ não sou mais  Tão_____ cri-an-ça_____

                                      D7
  Ô    ô      a pon-to de sa-ber tu-do                            Já

        C            Am           D7            G            C
não me pre-o-cu-po Se eu não sei por-que    Às ve-zes o que eu

       Am            D7            G            C            Am           D7
ve-jo Qua-se nin-guém vê    E eu sei que vo-cê sa-be Qua-se sem que-

        G            C            D7           G                         Am
-rer Que eu ve-jo o mes-mo que vo-cê                     Tão cor-re-to__ e
     Que eu que ro o mes-mo que vo-cê

        C            D7            G            Am
tão bo-ni-to O in-fi-ni-to é re-al-men-te  Um dos
```

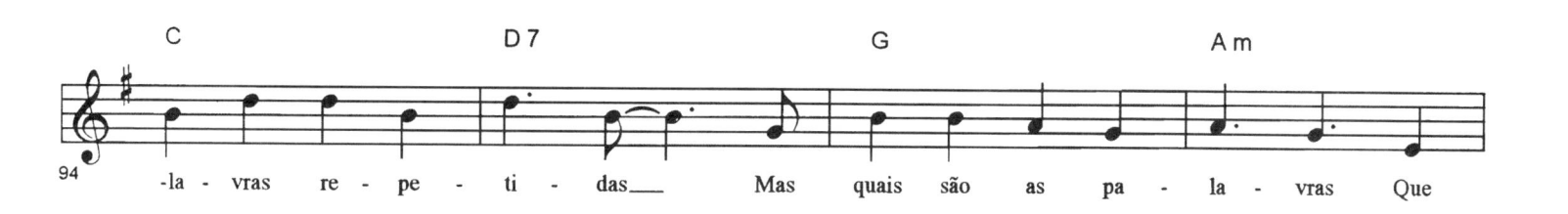

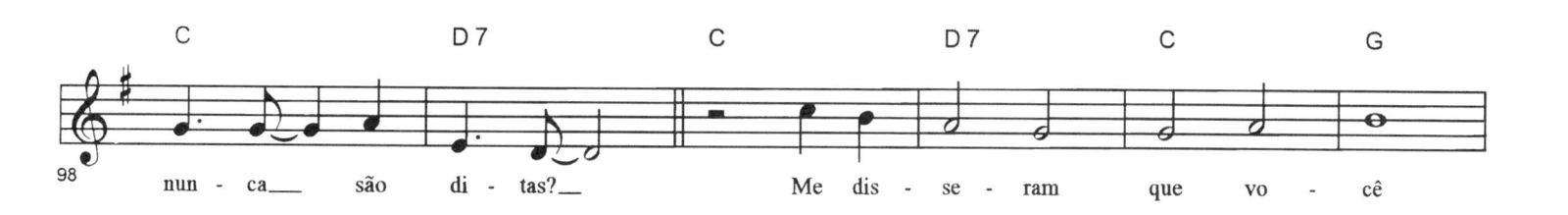

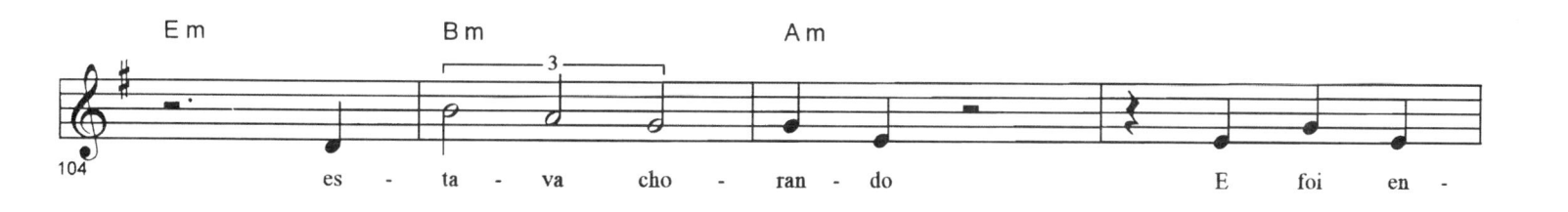

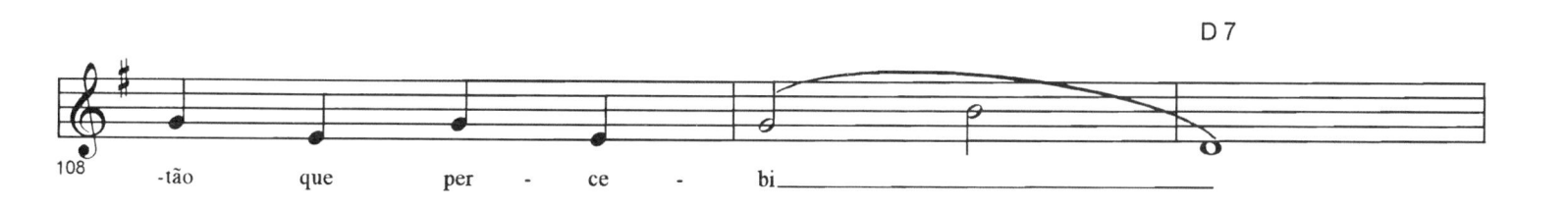

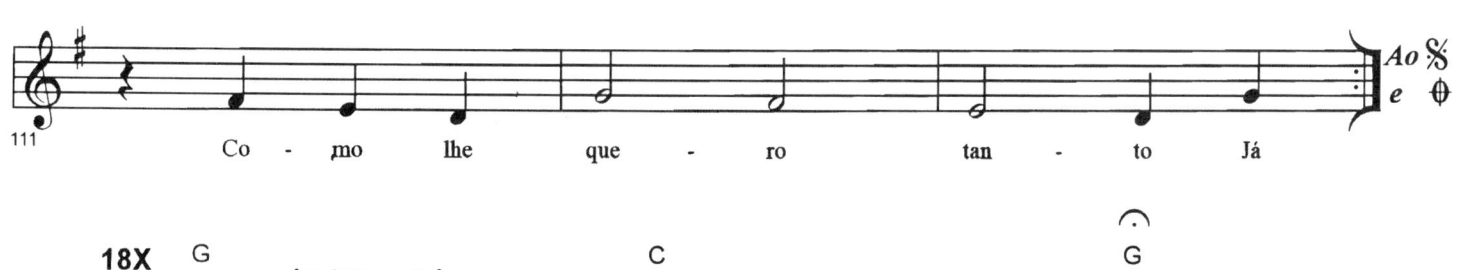

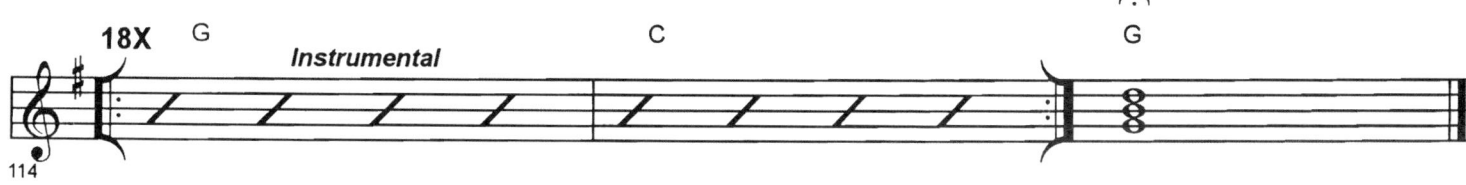

deu-ses mais lindos Sei que às vezes uso Pa-lavras repetidas Mas quais são as palavras Que nunca são ditas? Me disseram que você estava chorando E foi então que percebi Como lhe quero tanto Já

18X *Instrumental*

Monte Castelo

RENATO RUSSO

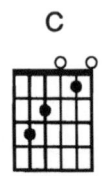

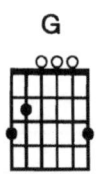

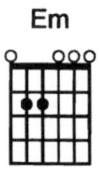

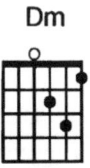

Introdução: C F G C   C F G C
C F G C   C F G C
F Em Dm G

```
       C   F       G    C                F
Ainda   que eu falasse a língua dos homens
     G       C              F
E falasse a língua dos anjos
       G    C        F G C F Em Dm G
Sem amor   eu nada seria

      C    F       G  C
É só o amor,  é só o amor
            F        G    C
Que conhece o que é verdade
           F        G   C
O amor é bom,  não quer o mal
                      F      G   C F Em Dm G
Não sente inveja ou se  envaidece

               C    F         G  C
O amor é fogo que arde sem se ver
       F             G    C
É ferida que dói e não se sente
           F             G   C
É um contentamento descontente
            F           G C F Em Dm G
É dor que desatina sem doer

       C   F       G    C                F
Ainda   que eu falasse a língua dos homens
     G       C              F
E falasse a língua dos anjos
       G    C        F G C F Em Dm G
Sem amor   eu nada seria

                 C F           G  C
É um não querer mais que bem querer
           F              G   C
É solitário andar por entre a gente
           F              G   C
É um não contentar-se de contente
```

```
                  F             G  C Dm
É cuidar que se ganha em se perder
                        G
É um estar-se preso por vontade
        Dm                    G
É servir a quem vence o vencedor
        Dm                     G
É um ter com quem nos mata lealdade
Dm                            G
Tão contrário a si é o mesmo amor

          F   Em   Dm  G
Estou acordado e todos dormem
F     Em     Dm    G     F
Todos dormem  todos dormem
     Em    Dm  G
Agora vejo em parte
         F    Em   Dm   G
Mas então veremos face a face

      C    F       G  C
É só o amor,  é só o amor
            F        G    C
Que conhece o que é verdade
       C   F       G    C                F
Ainda   que eu falasse a língua dos homens
     G       C              G
E falasse a língua dos anjos
            F     Em Dm F C
Sem amor eu nada seria
```

♩ = 91
Synth
C F G C F G C F
G C F G C F Em Dm G
Voz
A-
C F G C F G C
-in-da que eu fa-las-se a lín-gua dos ho-mens E fa-las-se a lín-gua dos
F G C F G C F Em Dm G
an-jos Sem a-mor eu na-da se-ri-a
É só o a-
C F G C F G C F
-mor, É só o a-mor Que co-nhe-ce o que é ver-da-de O a-mor é bom, não quer o
G C F G C F Em DmG C F
mal Não sen-te in-ve-ja ou se en-vai-de-ce O a-mor é fo-go que ar-de sem se
G C F G C F
ver É fe-ri-da que dói e não se sen-te É um con-ten-ta-men-to des-con-

-ten - te É dor que de-sa-ti-na sem do-er___ A-na-da se-ri-a___ É um não que-rer mais que bem que-rer___ É so-li--tá-rio an-dar por en-tre a gen-te É um não con-ten-tar-se de con-ten-te É cui-dar que se ga-nha em se per--der___ É um es-tar-se pre-so por von-ta-de É ser-vir a quem ven-ce o ven-ce-dor É um ter com quem nos ma-ta le-al-da-de Tão con-trá-rio a si é o mes-mo a-mor Es-tou a-cor-da-do e to-dos dor-mem To-dos dor-mem to-dos dor-mem A-go-ra ve-jo em par-te Mas en-tão ve-re-mos fa-ce a fa-ce É só o a-mor, é só o a-mor___ Que co-nhe-ce o que é ver-da-de A-an-jos Sem a-mor___ eu na-da se-ri-a___

Mil pedaços

RENATO RUSSO,
DADO VILLA-LOBOS e
MARCELO BONFA

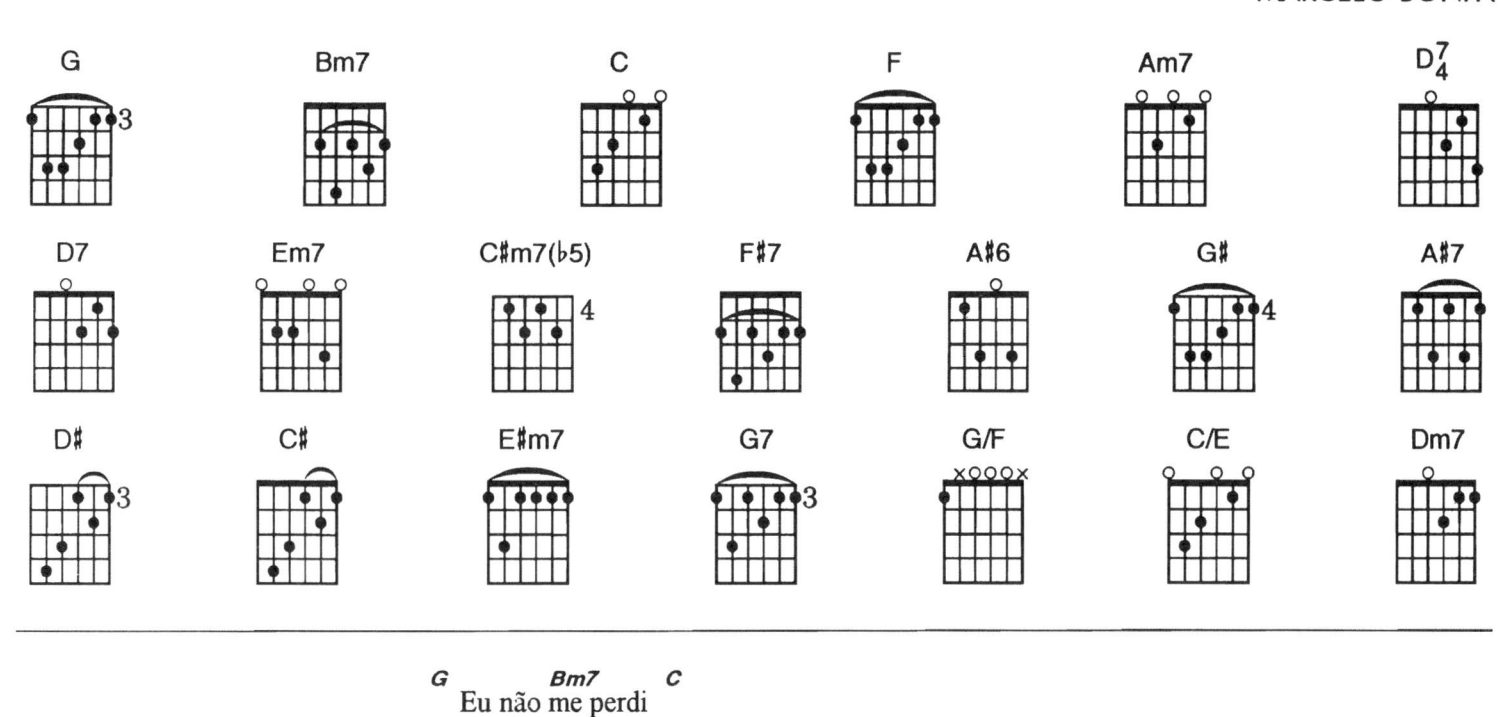

```
      G          Bm7      C
    Eu não me perdi

       G                F          Am7   D7(4) D7
    E mesmo assim você   me abandonou

   G    Bm7       C   A#6         Am7
    Você quis partir e agora estou sozi__nho

   G         Bm7  C       G         F
    Mas vou me acos__tu_mar com o silêncio em casa

              Am7       D7(4) D7  Em7
    Com um prato só na mesa

              Am7
    Eu não me perdi

      Em7    C   D7   G    Bm7  C
    O sândalo perfuma  o machado que  o feriu

     Am7 Bm7  C     D7       G
    Adeus, adeus, adeus meu grande amor
```

```
   C#m7(b5)   F#7  Bm7      E7
    E tanto faz  de tudo que ficou

    Am7          D7(4) D7    C              D7
    Guardo um retrato teu    e a saudade mais bonita

   G        Bm7      C
    Eu não me    perdi

       A#6          Am7      D7  G    Bm7   C
    E mesmo assim ninguém me perdoou  pobre coração

          A#6      Am7       C     G
    Quando o teu estava comigo era tão  bom

   G#        A#7     D#   C#             E#m7
    Não sei porque acontece assim e é sem querer

          A#7   C     G7  G/F           C/E
    O que não era pra ser, vou fugir    dessa  dor

        Am7       A#6   G7  Em7      Am7
    Meu amor, se quiseres voltar    volta não

        A#6         G7
    Porque me quebraste em mil pedaços
```

Instrumental (rep. ad lib. e fade out): **C A#6 Dm7 G7**

Mil pedaços

RENATO RUSSO,
DADO VILLA-LOBOS e
MARCELO BONFÁ

♩ = 110

Eu não me per - di___ E mes - mo as - sim___ vo - cê___
Vo - cê quis par - tir___ e a - go - ra es - tou___ so - zi-

___ me a - ban - do - nou___ -nho___ Mas vou me a - cos - tu - mar___ com o si-

-lên - cio em ca - sa___ Com um pra - to só na me - sa___ Eu não me per - di___

___ O sân - da - lo___ per - fu - ma o ma - cha - do que o fe - riu A - deus, a - deus, a-

-deus meu gran - de a - mor___ E tan - to faz___ de tu - do que___ fi - cou

Guar - do um re - tra - to teu___ e a sau - da - de mais___ bo - ni - ta

Eu não me per - di___ E mes - mo as - sim nin - guém___ me per - do - ou___

©Copyright 1996 by CORAÇÕES PERFEITOS EDIÇÕES MUSICAIS LTDA.
Todos os direitos autorais reservados para todos os países. All rights reserved.

_po- bre co- ra- ção_____ Quan- do_o teu_____ es- ta- va co- mi- go_e- ra____ tão____ bom____

Não sei____ por- que____ a- con- te-

-ce as- sim____ e_é sem____ que- rer____ O que não e_____ ra pra ser,____

vou fu- gir des- sa dor____ Meu a- mor,____ se qui- se_____

_____-res vol- tar_____ vol- ta não_____ Por- que

me que- bras- te_em mil pe- da- ços_____

Rep. ad libitum

Fade out

Quando você voltar

RENATO RUSSO,
DADO VILLA-LOBOS e
MARCELO BONFÁ

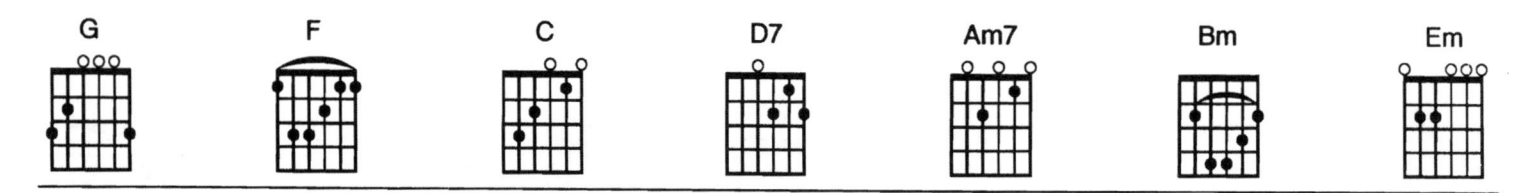

Introdução (2X): **G F C**

G   **C**   **G**
Vai, se você precisa ir
       D7   **Am7**
Não que__ro mais brigar esta noite
            C
Nossas acusações infantis
      G   **C**   **G**
E palavras mordazes que machucam tanto
             C
Não vão levar a nada, como sempre
G   **D7**
Vai, clareia um pouco a cabeça
Am7   **C**   **G**
Já que você não quer conversar
  Bm   **C**   **D7**   **G**
Já brigamos tanto mas não vale a pena
                              Bm
Vou ficar aqui com um bom livro ou com a TV
          C   **D7**
Sei que existe alguma coisa incomodando você
Bm   **Em**
Meu amor, cuidado na estrada
    Am7   **C**
E quando você voltar
            G   **Bm**
Tranque o portão feche as janelas
C   **D**   **G**
Apague a luz e saiba que te amo

Instrumental ad lib: **F C G**

| G | C | G | C |

-lavras mordazes que machucam tanto Não vão levar a nada, como sempre

| G | D7 | Am7 | C |

Vai, clareia um pouco a cabeça Já que você não quer conver-

| G | % | Bm | C | D7 | G |

-sar Já brigamos tanto mas não vale a pena Vou fi-

| Bm | C |

-car aqui com um bom livro ou com a TV Sei que existe alguma coisa incomo-

| D7 | Bm | Em |

-dando você Meu amor, cuidado na estrada E

| Am7 | C | G | Bm |

quando você voltar Tranque o portão feche as janelas Apague a

| C | D7 | G | % | F C G |

Instrumental
Rep. ad libitum
Fade out

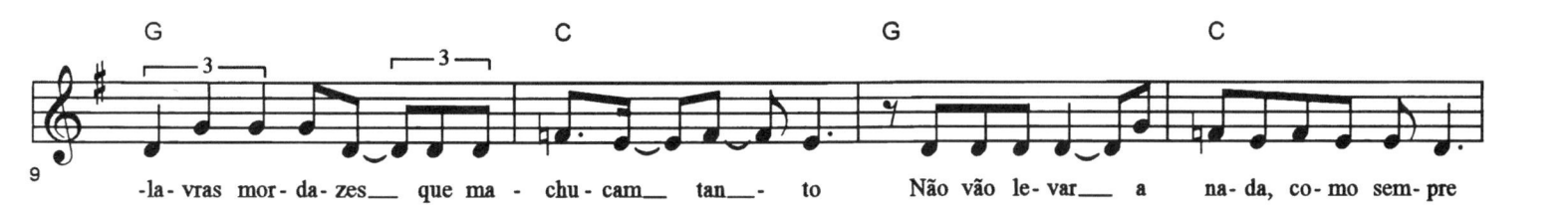

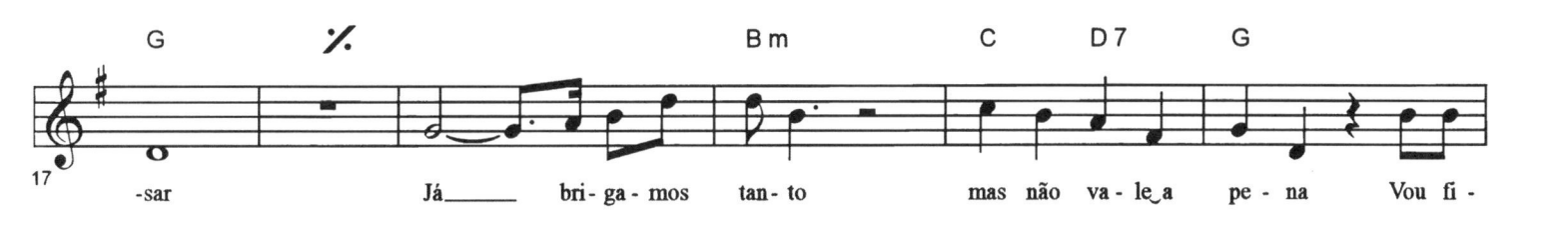

luz e saiba que te amo

Vento no litoral

DADO VILLA-LOBOS,
RENATO RUSSO e
MARCELO BONFÁ

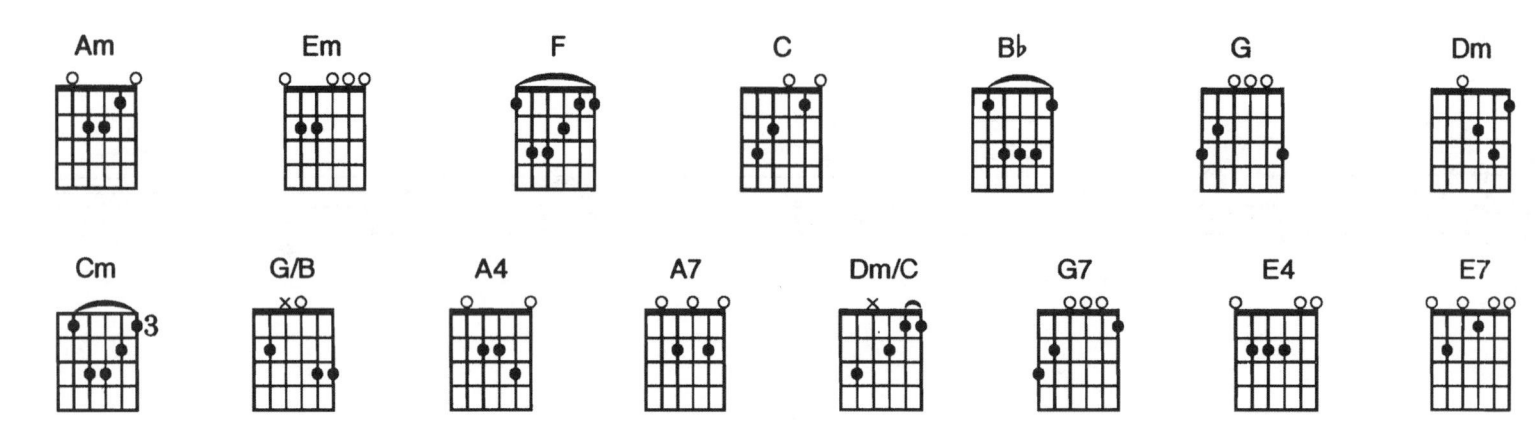

Introdução: **Am Em Am Em F C F C**

Am
De tarde quero descansar, chegar até a praia e ver
Am
Se o vento ainda está forte
Em
E vai ser bom subir nas pedras
C
Sei que faço isso pra esquecer
Bb
Eu deixo a onda me acertar
Am   **F G Am F G C F**
E o vento vai levando tudo embo_ra
                Em
Agora está tão lon__ge
              Dm
Vê, a linha do horizon__te me distrai
       G   **F**
Dos nossos pla__nos é que tenho mais sauda_de
                 Em   **Dm**
Quando olhávamos juntos na mesma direção
            Bb
Aonde está   você agora
             Am
Além de aqui   dentro de mim?

Instrumental: **F G Am F G Am**
              Am Em Am Em
              C Bb Am G F G
              Am G F G

Cm   **G/B**
Agimos certo sem querer
                          Bb
Foi só o tempo que errou

Vai ser difícil sem você
        A4   **A7**   **Dm**
Porque você está comi__go o tempo to__do

E quando vejo o mar
     C
Existe algo que diz
             G/B   **Am**   **G**   **G7**
Que a vida continua e se entregar é   uma boba__gem
Em   **A7**   **Dm**
Já que você não está aqui
                   Dm/C Bb   **G7**
O que posso fazer é   cuidar de mim
       C   **F**
Quero ser feliz ao menos
              Bb   **G**
Lembra que o plano era ficarmos bem?
Am Em   **Am G G7**
Ei, olha só o que achei
                      F E4 E7
Cavalos-marinhos

Instrumental: **Am Em Am Em**
       C
Sei que faço isso pra esquecer
       Bb
Eu deixo a onda me acertar
       Am   **F   G**
E o vento vai levando tudo embo__ra

Instrumental (ad lib e fade out): **C F**

♩=58
Am Violão Em F
C 1. 2. C Voz Am
De tar-de que-ro des- can-sar, che-
Em Am Em
-gar a-té a prai- a e ver Se o ven-to ain-da es-tá for- te E vai ser bom su-bir nas pe-
C B♭
-dras Sei que fa-ço is-so pra es- que-cer Eu dei-xo a on-da me a-cer-tar E o
Am F G Am
ven-to vai le-van-do tu-do em-bo- ra
F G C F Em
A-go-ra es-tá tão lon- ge Vê, a li-nha do ho-ri-zon-
Dm G F
-te me dis-trai Dos nos- sos pla- nos é que te- nho mais sau-da- de

Quan-do o lhá-va-mos jun-tos na mes-ma di-re-ção A-on-de es-tá vo-cê a-go-ra A-lém de a-qui den-tro de mim?

Violão simile à intro

A-gi-mos cer-to sem que-rer Foi só o tem-po que er-rou Vai ser di-fí-cil sem vo-cê Por-que vo-cê es-tá co-mi-go o tem-po to-do E quan-do ve-jo o mar E-xis-te al-go que diz Que a vi-da con-ti-nua e se en-tre-gar é u-ma bo-ba-gem Já que vo-cê não es-tá a-

| Dm/C | Bb | G |

-qui O que pos-so fa-zer___ é cui-dar___ de__ mim___

| C | F | Bb |

Que-ro ser fe-liz ao me-nos___ Lem-bra__ que o pla-no e-ra fi-

| G | Am | Em |

-car-mos___ bem?___ Ê i e i e i e i ê, o-lha só o que a-

| Am | G | G7 | C | F | 𝄎 | E4 |

-chei___ Hu-um___ hu-um___ Ca-va-_ los_- ma-ri_- nhos Hu- um

| 𝄎 | E7 | 𝄎 | Am | 𝄎 | Em | 𝄎 1. |

Violão simile à intro

| Em 2. | C | Bb |

Sei que fa-ço is-_ so pra es__- que-cer___ Eu dei-xo a on_- da me a-cer-tar__ E o

| Am | F | G |

ven-to vai__ le-van__- do tu_- do em bo___- ra___

Instrumental

| C | 𝄎 | F | 𝄎 |

Rep. ad libitum

Fade out

Fábrica

RENATO RUSSO

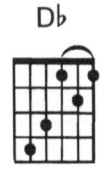

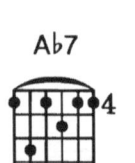

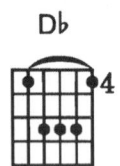

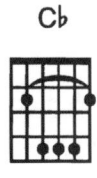

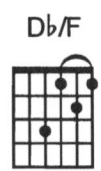

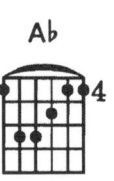

Introdução: **Db** (2X) **Db Gb**

Db   Gb   Db
Nosso dia vai chegar
  Gb   Db
Teremos nossa vez
  Gb   Db
Não é pedir demais
  Gb   Cb
Quero justiça
      Bbm   Abm
Quero trabalhar em paz
     Gb   Db
Não é muito o que lhe peço
     Cb
Eu quero trabalho honesto
  Eb7   Ab7
Em vez de escravidão

Db   Gb   Db
Deve haver algum lugar
    Gb
Onde o mais forte
Db   Gb   Db
Não consegue escravizar
    Gb   Db
Quem não tem chance

       Ab   Db/F   Ab
De onde vem a indiferença
Gb   Fm   Ebm   Ab7   Db
Temperada a ferro e fogo?
     Ab7 Fm   Ab7 Gb   Fm   Ebm Ab7
Quem   guarda os portões   da fábrica?

  Db   Gb   Db   Gb   Db
O céu já foi azul mas agora é cinza
                    Gb   Db Gb Cb
E o que era verde aqui já não existe mais

       Bbm   Abm
Quem me dera acreditar
         Gb   Db
Que não acontece nada
       Cb
De tanto brincar com fogo
     Eb7   Ab7
Que venha o fogo então

Instrumental (4X): **Db Gb**

       Ab   Db/F   Ab7   Gb   Fm Ebm
Esse ar deixou minha vista cansada

Repete e fade out:

Ab7   Db   Ab7 Fm   Ab7   Gb   Fm Ebm
Nada demais,   nada demais

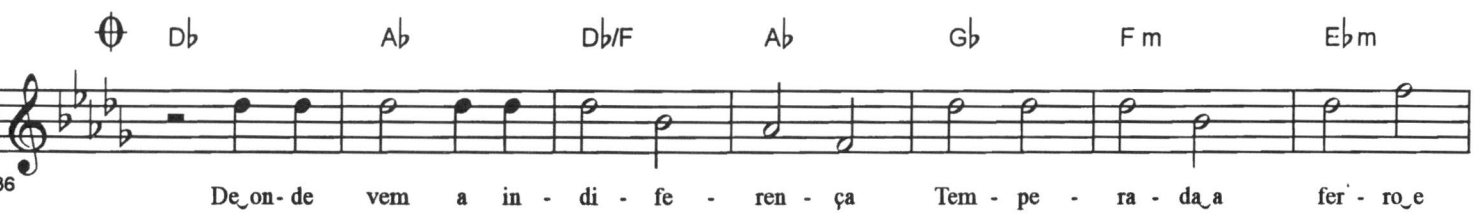

♩ = 180

Nosso dia vai chegar

Nos- so dia vai chegar	Te- remos nossa vez	Não é pedir demais
Queremos nossa justiça	Deve haver algum lugar	Onde o mais forte não tem chance
Não consegue escravizar	Quem acredita

Quero trabalhar em paz
Não é muito o que lhe peço
Eu quero trabalho honesto
Em vez de escravidão

Que não aconteça nada
De tanto brincar com fogo
Que venha o fogo então

De onde vem a indiferença
Temperada a ferro e...

fo - go? Quem _____ guar- da os por ____ ' tões ____ da fá - bri - ca? _____

O céu ____ já foi a - zul ____
mas ____ a - go - ra é cin - za

E o que e - ra ver - de a - qui ____ já não e - xis - te mais _____

Quem me de - ra a-

Instrumental 3X

Voz
Es - se ar dei - xou mi - nha vis - ta can - sa -

Rep. ad libitum
-da _____ Na - da de - mais _____

Na - da de - mais _____

Fade out

Eu sei

RENATO RUSSO

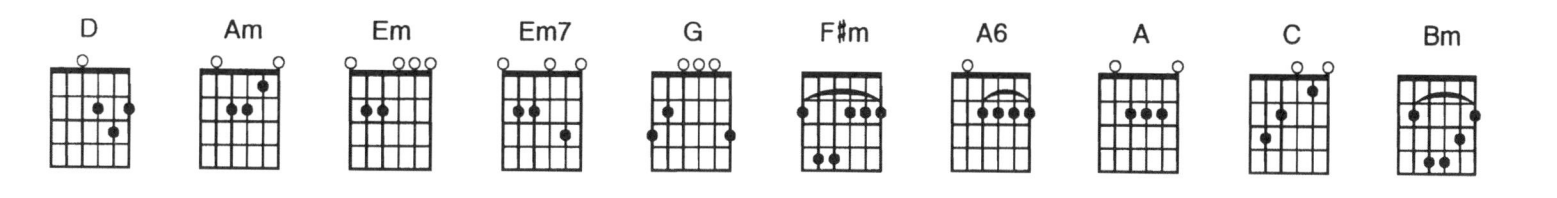

Introdução: **D**

   D   **Am**
Sexo verbal não faz meu estilo
   Em   **Em7**
Palavras são erros e os erros são seus
G   **F#m**   **Em7**   **A6**   **A**
Não quero lembrar que eu erro também
   D   **Am**
Um dia pretendo tentar descobrir
   Em   **Em7**
Porque é mais forte quem sabe mentir
G   **F#m**   **Em7**   **A6**   **A**
Não quero lembrar que eu minto também

D   **G** **C**   **Bm**
Eu   sei
D   **G** **C**   **Bm**
Eu   sei

D   **Am**
Feche a porta do seu quarto
      Em   **Em7**
Porque se toca o telefone pode ser alguém
G **F#m**   **Em7**   **A6**   **A**   **D Am Em Em7**
Com quem você quer falar por horas e horas e horas

G **F#m**   **Em7**   **A6**   **A**
A noite acabou, talvez tenhamos que fugir sem você
     D   **Am**
Mas não, não vá agora, quero hon__ras e promessas
  Em   **Em7**
Lembranças e estórias
G   **F#m**   **Em7 A6**   **A**
Somos pássaro novo longe do ninho

D   **G** **C**   **Bm**
Eu   sei
D   **G** **C**   **Bm**
Eu   sei

Repete ad lib. c/ fade out: **D** **G** **C** **Bm**

Eu sei

RENATO RUSSO

♩ = 98

Se-xo ver-bal não faz meu es-ti-lo Pa-la-vras são er-ros e os er-ros são seus Não que-ro lem-brar que eu er-ro tam--bém Um di-a pre-ten-do ten-tar des-co-brir Por--que é mais for-te quem sa-be men-tir Não que-ro lem--brar que eu min-to tam-bém

Eu_____ sei_____

Fe-che a por-ta do seu quar-to Por-que se to-ca o te-le-fo-ne

Em7 G F♯m Em7
25
po - de ser al - guém Com quem vo - cê quer fa - lar por
A6 A D Am Em Em7
28
ho - ras e ho - ras e ho - ras
G F♯m Em7 A6
34
A noi - te a - ca - bou, tal - vez te - nha - mos que fu - gir sem vo -
A D Am
37
-cê Mas não, não vá a - go - ra, que - ro hon - ras e pro - mes - sas Lem -
Em Em7 G F♯m
40
-bran - ças e es - tó - - rias So - mos pás - sa - ro
Em7 A6 A
43
no - vo lon - ge do ni - nho
D G C Bm
46
Eu sei
Rep. ad libitum
D G C Bm D G C Bm
Instrumental
50
Fade out

Há tempos

RENATO RUSSO,
DADO VILLA-LOBOS e
MARCELO BONFÁ

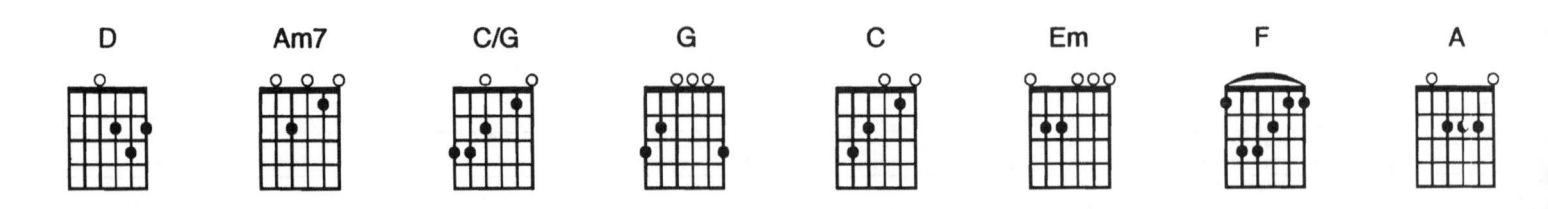

[Chord diagrams: D, Am7, C/G, G, C, Em, F, A]

Introdução (2X): **D Am7 D C/G G**

```
 D           Am7              D          Am7
 Parece cocaína    mas é só tristeza,  talvez tua cidade
             D                Am7
 Muitos temores nascem do cansaço  e da solidão
 D              Am7             G
 E o descompasso   e o desperdício herdeiros são
                Em            D
 Agora da virtude que perdemos
                 Am7          D          Am7
 Há tempos tive um  sonho não me lembro, não me lembro
 F            C    F            C        D
 Tua tristeza é tão exata  e hoje o dia é tão bonito
                 Am7 D                    C/G  G
 Já estamos acostuma_dos    a não termos mais nem isso
 D            Am7         D         Am7
 Os sonhos vêm e os sonhos vão o resto é imperfeito
 D                 Am7                    D
 Disseste que se tua voz   tivesse força igual
              Am7
 À imensa dor que sentes
     G              Em
 Teu grito acordaria não só a tua casa
     D             Am7 D
 Mas a vizinhança inteira
           Am7           F
 E há tempos nem os santos   têm ao certo
        C
 A medida da maldade
      F                     C
 E há tempos são os jovens que adoecem
      F                    C
 E há tempos o encanto está ausente
                       F
 E há ferrugem nos sorri_sos
                       C
 E só o acaso estende os bra_ços
                      A
 A quem procura abrigo   e proteção
     D              G    D
 Meu amor, disciplina é liberdade
              G    D
 Compaixão é fortaleza
              G
 Ter bondade é ter coragem
    D                     G          D
 Lá em casa tem um poço mas a água é muito limpa
```

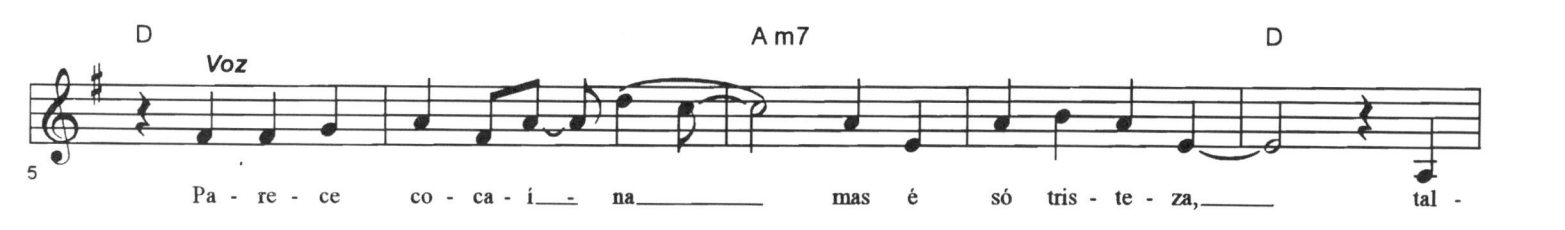

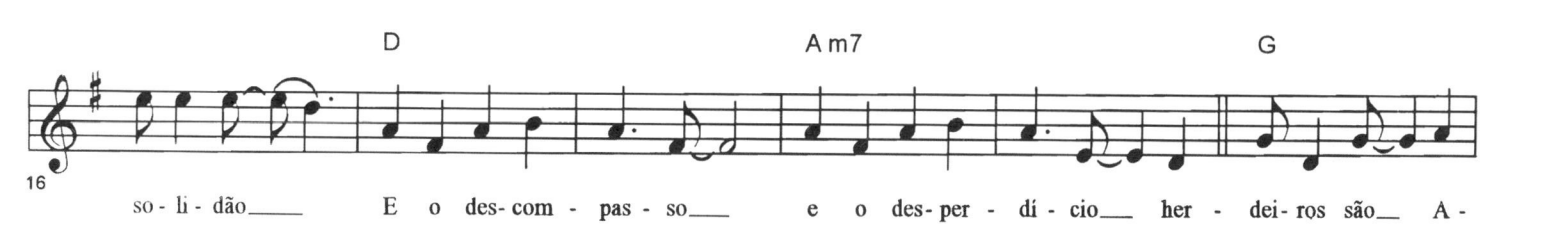

Parece cocaína mas é só tristeza, talvez tua cidade Muitos temores nascem do cansaço e da solidão E o descompasso e o desperdício herdeiros são Agora da virtude que perdemos Há tempos tive um sonho não me lembro, não me lembro Tua triste

-za é tão exa - ta   e ho-je o dia   é 'tão bo-ni - to

Já es-ta-mos a - cos-tu-ma - dos   a não ter-

-mos mais nem is - so   Os so-nhos vêm e os so-nhos

vão   o res-to é im-per-fei - to   Dis-ses-te que se

tu - a voz   ti-ves-se for-ça i-gual   À i-men-sa dor que sen-

-tes Teu gri-to a-cor-da-ri-a   não só a tu-a ca-sa Mas a vi-zi-nhan-ça in-

-tei - ra   E há tem-pos   nem os

san-tos têm   ao cer-to A me-di-da da mal-da - de E há tem - pos são os jo-

vens que a-do-e - cem   E há tem - pos o en-can-to es-tá au-sen - te   E há fer-ru - gem nos sor-ri-sos   E só o a-ca-so es-ten-de os bra - ços   A quem pro-cu-ra a-bri-go e pro - te - ção   Meu a-mor, dis-ci-pli-na é li-ber-da-de   Com pai-
-xão é for - ta - le - za   Ter bon-
-da-de é ter co-ra - gem   Lá em ca-sa tem um po - ço mas a á-gua é mui - to lim-pa

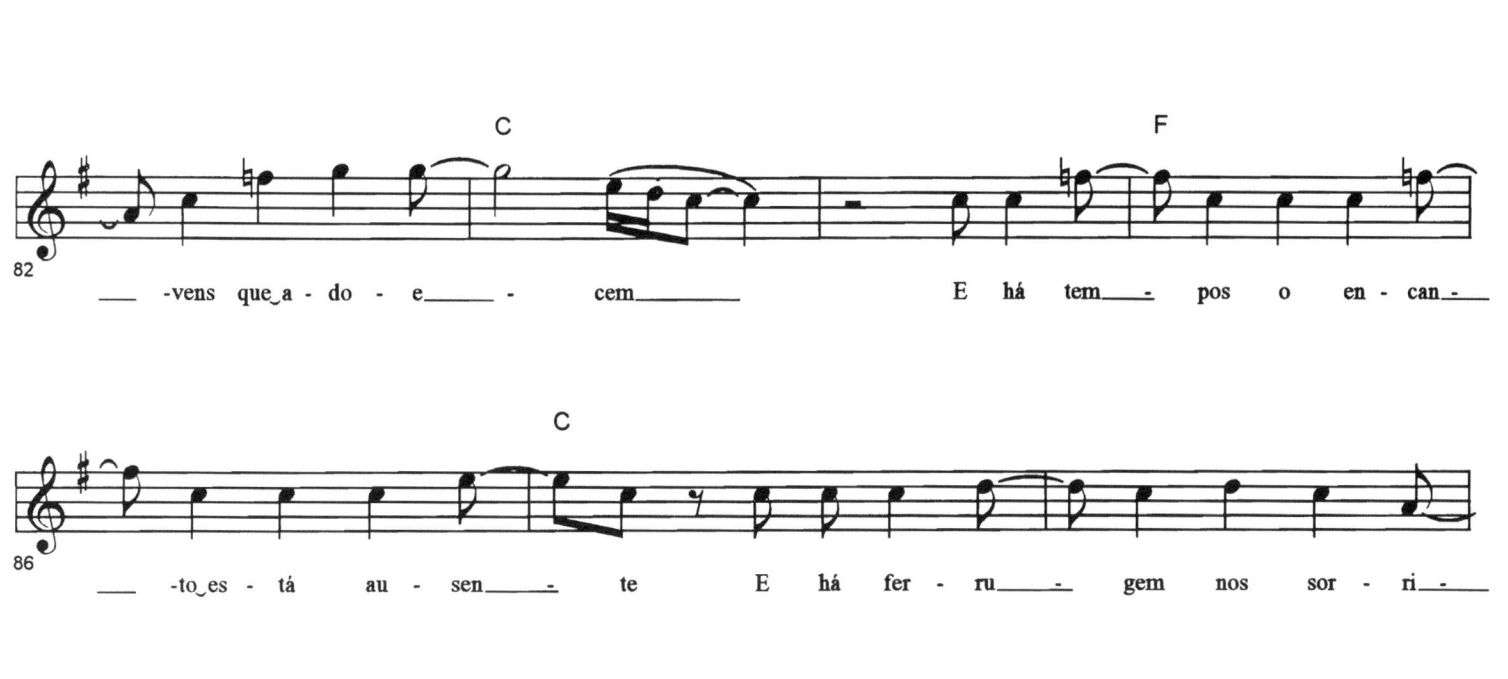

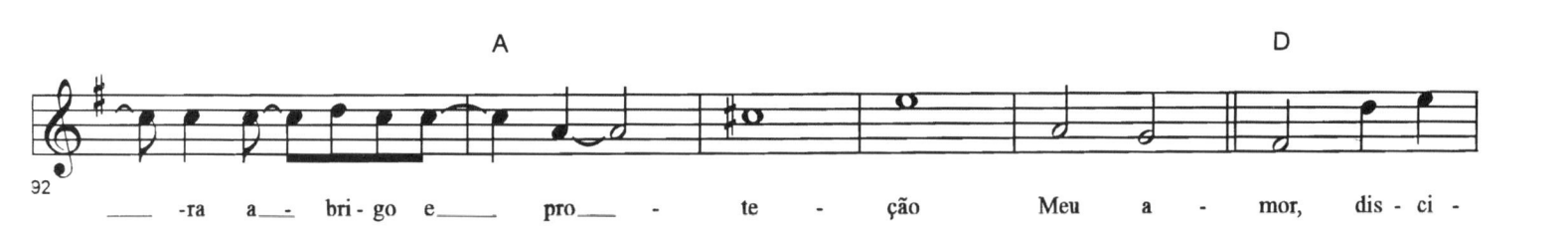

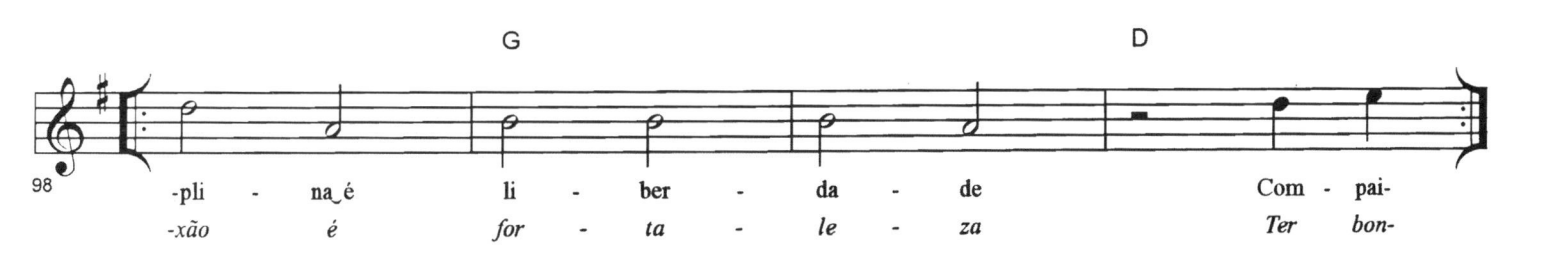

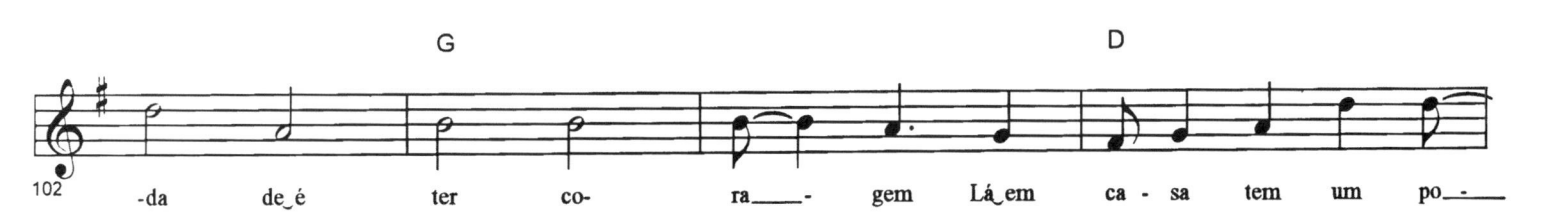

Pais e filhos

RENATO RUSSO,
DADO VILLA-LOBOS e
MARCELO BONFÁ

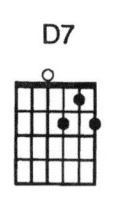

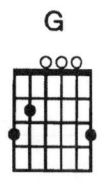

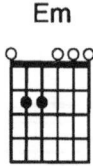

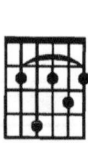

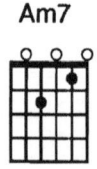

[Chord diagrams: C, D7, G, F, Em, Bm7, Am7]

Introdução (4X): **C D7 G**

C   D7   G
Estátuas e cofres e paredes pintadas
C   D7   G
Ninguém sabe o que aconteceu
C   D7   G
Ela se jogou   da janela do quinto andar
C   D7   G   F   Em C Bm7 Am7
Nada é fácil de entender,   dorme agora
**   D7   C**
É só o vento lá fora
**   D7**
Quero colo
G
Vou fugir de casa
C   D7   G   C
Posso dormir   aqui com vocês?
**   D7   G   C**
Estou com medo, tive um pesadelo
**   D7   G   F**
Só vou voltar depois das três

Em   C   Bm7 Am7
Meu filho vai ter   nome de santo
**   D7**
Quero o nome mais   bonito

REFRÃO:

**   G   C**
É preciso amar   as pessoas
**   Em   C**
Como se não houvesse amanhã
**   G   C   Em**
Porque se você parar   pra pensar
**   C**
Na verdade não há

**   D7 G   C   D7 G**
Me diz   por que é que o céu é azul
**   C   D7   G C D7 G**
Me explica a grande fúria do mundo
**   C   D7   G   C D7 G**
São meus filhos que tomam conta de mim
**   C   D7**
Eu moro com a minha mãe
**   G   C D7 G**
Mas meu pai   vem me visitar
**   C   D7   G**
Eu moro na rua, não   tenho ninguém
**   C   D7   G**
Eu moro em qualquer lugar
**   C   D7   G   C**
Já morei em tanta casa que nem me lembro mais
**   D7   F   Em C Bm7 Am7 D7**
Eu moro com meus pais

Refrão

G   C Em   C
Sou uma gota d'água   sou um grão de areia
**   G   C**
Você me diz que seus pais não entendem
**   Em   C**
Mas você não entende seus pais

**   C   D7   G**
Você culpa seus pais por tudo
**   C   D7   G   C D7 G**
E isso é absurdo   são crianças como você
**   C   D7   C D7 G**
O que você vai ser   quando você crescer?

Instrumental (fade out): **C D7 G**

©Copyright 1989 by CORAÇÕES PERFEITOS EDIÇÕES MUSICAIS LTDA.
Todos os direitos autorais reservados para todos os países. All rights reserved.

D7		G
Que-ro o no-me mais bo - ni - to É pre - ci-so a - mar (a ar)

| C | Em | C | G |
as pes-so-as Co-mo se não hou-ves-se a-ma-nhã Por-que se vo-cê pa-rar (a ar)

| C | Em | C | C D7 G |
pra pen-sar (a ar) Na ver-da-de não há (a a a) Me diz por-que que o céu

| C D7 G | C D7 G | C D7 |
é a-zul Me ex-pli-ca a gran-de fú-ria do mun-do

| G | C D7 G | C D7 G |
São meus fi-lhos que to-mam con-ta de mim Eu mo-ro com a

| C D7 G | C D7 G | C D7 G |
mi-nha mãe Mas meu pai vem me vi-si-tar Eu mo-ro na ru - a, não te-nho nin - guém Eu

| C D7 G | C D7 G |
mo-ro em qual-quer lu - gar Já mo-rei em tan-ta ca-sa que nem me lem-bro mais

| C D7 F | Em C | Bm7 |
Eu mo-ro com meus pais Hu - u-um Hu -

| Am7 | D7 | G | C |

u - um_____ O- o__- o É pre - ci - so a - mar (a ar)____ as pes - so - as Co - mo

| Em | C | G | C |

se não hou - ves_- se a - ma - nhã_____ Por - que se vo - cê pa - rar___ (a ar)____ pra pen - sar_____

| Em | C | G | C | Em |

____ Na ver - da - de não há (ah ah)____ Sou u - ma go - ta d'á - gua_____ sou um grão de a - rei - a

| C | G | C | Em |

(a)_____ Vo - cê me diz que seus pais___ não en - ten - (en) - dem___ Mas vo - cê não en - ten_-_ de seus pais____

| C | C | D7 | G | C | D7 |

____ Vo - cê cul - pa seus pais por tu - (u u u) do E is - so é ab_- sur - do (o)____

| G | C | D7 | G | C | D7 |

____ São cri - an - ças co - mo vo - cê_____ O que vo - cê vai ser___ quan - do vo-

| G | C | D7 | G | C | D7 |

Instrumental **Rep. ad libitum**

-cê cres - cer?

Fade out

Meninos e meninas

RENATO RUSSO,
DADO VILLA-LOBOS e
MARCELO BONFÁ

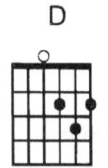

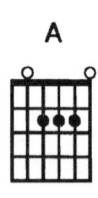

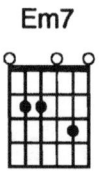

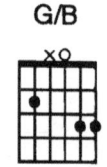

[Chord diagrams: D, G, A, F, C, Em7, G/B]

Introdução: **D G A D G A**

```
     D              G          A
Quero me encontrar mas não sei nem onde estou
     D              G         F
Vem comigo procurar algum lugar mais calmo
  C       D        C
Lon__ge dessa confusão
          D       Em7     A
E dessa gente que não se respeita
    G        D         G   A    D
Tenho quase certeza que eu não sou daqui
```

REFRÃO:

```
       A
Acho que gosto de São Paulo
    C          D
E gosto de São João
    A
Gosto de São Francisco
  C       D
E São Sebastião
     Em7                  G    A
E eu gosto de meninos e meninas

    D
Vai ver que é assim mesmo
     G           A
E vai ser assim pra sempre
    D
Vai ficando complicado
    G              F
E ao mesmo tempo diferente
     C         D      C        D
Estou cansado de bater e ninguém abrir
      Em7     A     G       D
Você me deixou sentindo tanto frio
G/B    C    D
Não sei mais o que dizer

 A            C        D
Te fiz comida, velei teu sono
 A           C        D
Fui teu amigo te levei comigo
```

```
        Em7                G  A
E me diz   pra mim o que é que ficou?
    D           G              A
Me deixa ver como viver é bom
           D
Não é a vida como está
       G          F
E sim as coisas como são
     C              D    C  D
Você não quis tentar me ajudar
     Em7 A            G   D
E então,    a culpa é de quem?
            G/B   C
A culpa é de quem?

 D   A                 C
Eu canto em português errado
 D         A
Acho que o imperfeito
          C        D
Não participa do passado
    Em7             G   A
Troco as pessoas troco os pronomes
    D
Preciso de oxigênio
    G      A
Preciso ter amigos
    D
Preciso ter dinheiro
    G      F
Preciso de carinho
 C         D
Acho que te amava
    C              D
Agora acho que te odeio
    Em7               A
São tudo pequenas coisas
    G   D    G/B C  D
E tudo deve passar
```

Refrão

Instrumental: **D G A D G A D**

♩ = 168

Instrumental
| D | G | A |

Voz

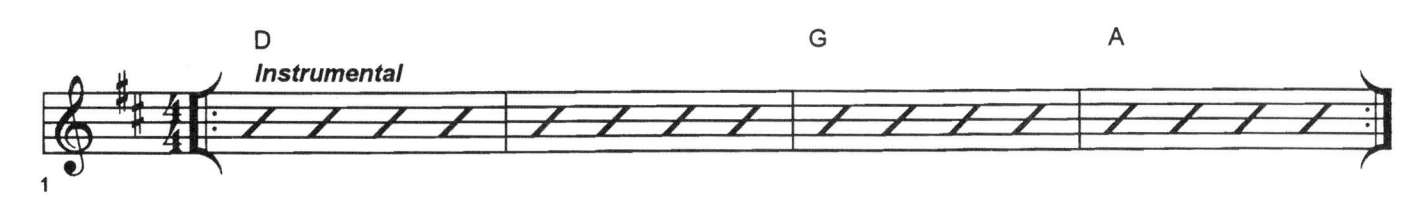

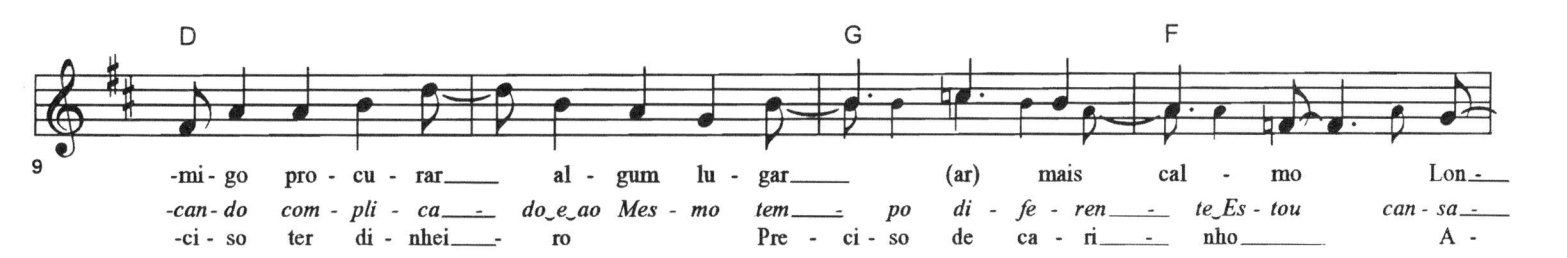

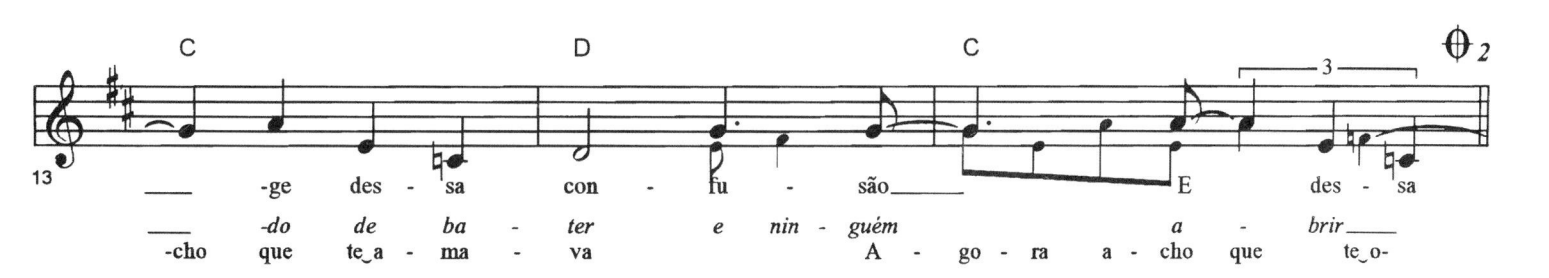

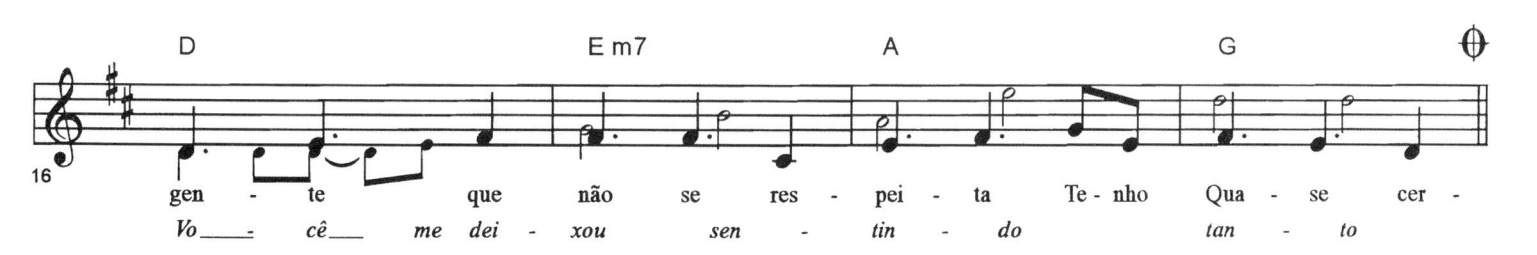

Quero me encontrar____ mas não sei nem onde estou Vem comigo procurar____ algum lugar____ (ar) mais calmo Longe dessa confusão____ E dessa gente que não se respeita Tenho Quase certeza que eu não sou daqui____ Acho que

ver que é assim mesmo E vai ser assim pra sempre Vai ficando complicado e ao Mesmo tempo diferente Estou cansado de bater e ninguém abrir____ Você me deixou sentindo tanto

-ciso de oxigênio Preciso ter amigos Preciso ter dinheiro Preciso de carinho____ Acho que te amava Agora acho que te o-

©Copyright 1989 by CORAÇÕES PERFEITOS EDIÇÕES MUSICAIS LTDA.
Todos os direitos autorais reservados para todos os países. All rights reserved.

gos - to de São Pau - lo E gos - to de São Jo - ão Gos - to de São Fran - cis - co E São Se - bas - ti - ão E eu gos - to de me - ni - nos e me - ni - na (a as) Vai fri - o (o) Não sei mais o que di - zer Te fiz co - mi - da, (a - a) ve - lei teu so - no Fui teu a - mi - go te le - vei co - mi - go E me diz, pra mim o que é que fi - cou? (o o ou) Me dei - xa ver co - mo vi - ver é bom (o om) Não é a vi - da co - mo es - tá E sim as coi - sas co - mo são Vo - cê não quis ten-tar___ me a-ju-dar___ E en-tã___- (ã ão)___ a cul__-pa_é de

que-em?___ A cul__-pa_é de que-e___-em?___ Eu

can-to em por-tu-guês___ er-ra-do___ A-cho que_o im-per-fei__

___-to Não par-ti-ci-pa do pas-sa___- do Tro__-co_as pes-so-(o)-as___

tro___-co_os pro-no-(o)-mes___ Pre-

-dei-o São tu-do pe-que___-nas coi___-sas___ e

tu-do de-ve pas-(a)-sar A-cho que

Instrumental

Índios

RENATO RUSSO

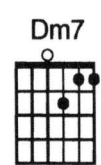

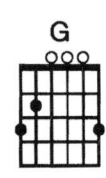

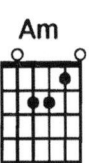

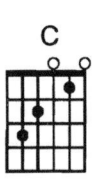

[Chord diagrams: Dm7, G, F, Em7, Am, C]

Dm7
Quem me dera ao menos uma vez
G
Ter de volta todo o ouro que entreguei
F   **Em7**
A quem conseguiu me convencer

Que era prova de amizade
Am
Se alguém levasse embora até o que eu não tinha
Dm7
Quem me dera ao menos uma vez
G   **F**
Esquecer que acreditei que era por brincadeira
Em7
Que se cortava sempre um pano de chão
Am
De linho nobre e pura seda
Dm7
Quem me dera ao menos uma vez
G   **F**
Explicar o que ninguém consegue entender
Em7
Que o que aconteceu ainda está por vir
Am
E o futuro não é mais como era antigamente
Dm7
Quem me dera ao menos uma vez
G   **F**
Provar que quem tem mais do que precisa ter
Em7
Quase sempre se convence que não tem o bastante
Am
E fala demais por não ter nada a dizer
Dm7
Quem me dera ao menos uma vez
G   **F**
Que o mais simples fosse visto como o mais importante
Em7   **Am**
Mas nos deram espelhos e vimos um mundo doente
Dm7
Quem me dera ao menos uma vez
G   **F**
Entender como um só Deus ao mesmo tempo é três
Em7
E esse mesmo Deus foi morto por vocês
Am
É só maldade então, deixar um Deus tão triste
F
Eu quis o perigo e até sangrei sozinho
C
Entenda, assim pude trazer você de volta para mim

F
Quando descobri que é sempre só você
C
Que me entende do início ao fim
F
E é só você que tem a cura para o meu vício

De insistir nessa saudade que eu sinto
C   **F**
De tudo que eu ainda não vi

Dm7
Quem me dera ao menos uma vez
G   **F**
Acreditar por um instante em tudo que existe
Em7
E acreditar que o mundo é perfeito
Am
E que todas as pessoas são felizes
Dm7
Quem me dera ao menos uma vez
G   **F**
Fazer com que o mundo saiba que seu nome
Em7
Está em tudo e mesmo assim
Am
Ninguém lhe diz ao menos obrigado
Dm7   **G**
Quem me dera ao menos uma vez
                              F **Em7**
Como a mais bela tribo   dos mais belos índios
Am
Não ser atacado por ser inocente
F
Eu quis o perigo e até sangrei sozinho
C
Entenda, assim pude trazer você de volta pra mim
F
Quando descobri que é sempre só você
C
Que me entende do início ao fim
F
E é só você que tem a cura para o meu vício

De insistir nessa saudade que eu sinto
C
De tudo que eu ainda não vi
F   **C**
Nos deram espelhos e vimos um mundo doente

Tentei chorar e não consegui   **C**   *(fade out)*

♩ = 145

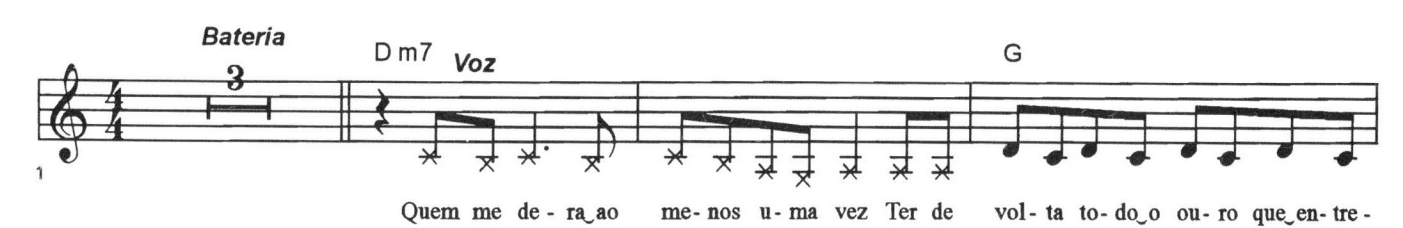

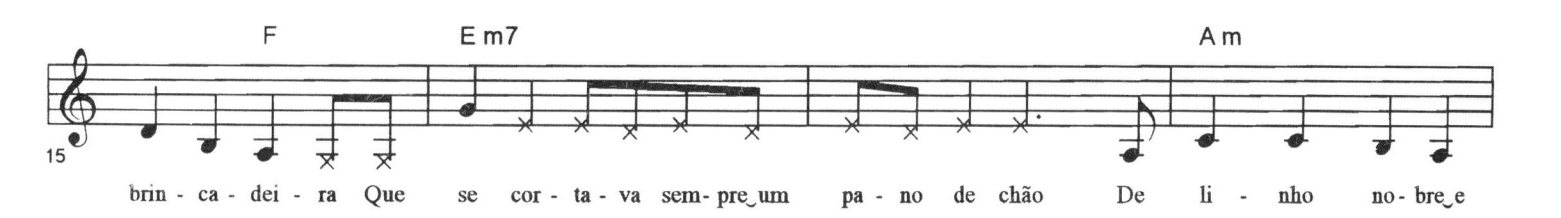

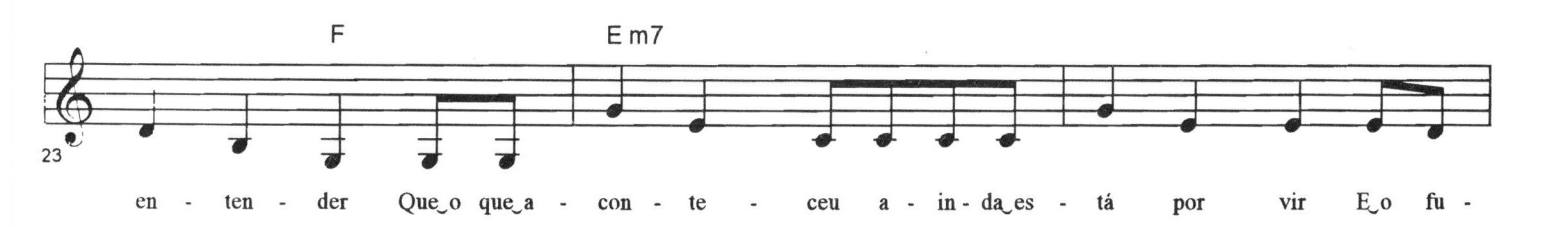

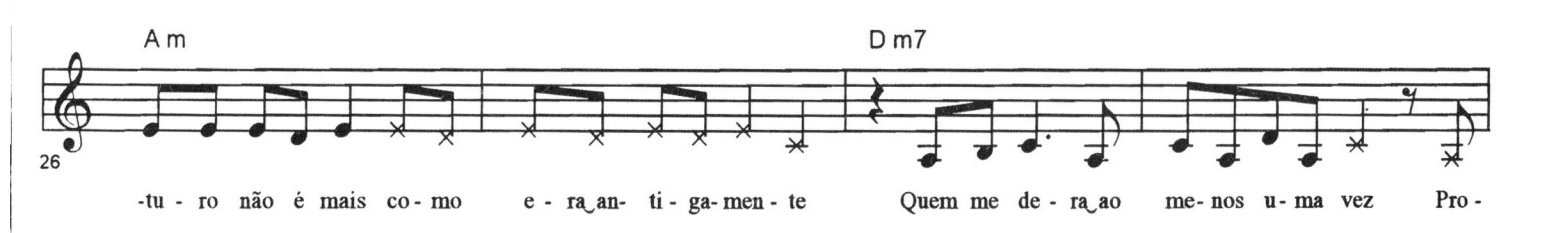

Quem me dera ao menos uma vez
Ter de volta todo o ouro que entreguei
A quem conseguiu me convencer
Que era prova de amizade
Se alguém levasse embora até o que eu não tinha

Quem me dera ao menos uma vez
Esquecer que acreditei que era por brincadeira
Que se cortava sempre um pano de chão
De linho nobre e pura seda

Quem me dera ao menos uma vez
Explicar o que ninguém consegue entender
Que o que aconteceu ainda está por vir
E o futuro não é mais como era antigamente

Quem me dera ao menos uma vez
Pro-

©Copyright 1990 by PHONOGRAM PRODUÇÕES E EDIÇÕES MUSICAIS LTDA. Rio de Janeiro - Brasil.
Todos os direitos autorais reservados para todos os países. All rights reserved.

| G | | F | Em7 |

-var que quem tem mais do que pre - ci - sa ter Qua-se sem-pre se con-ven-ce que não tem o bas-tan-te (E

| Am | | Dm7 | |

fa - la de - mais por não ter na-da a di - zer   Quem me de - ra ao me - nos u - ma vez Que o mais

| G | | F | Em7 |

sim - ples fos - se vis - to co - mo o mais im - por - tan - te   Mas nos de - ram es - pe - lhos   E

| Am | | Dm7 | |

vi - mos um mun - do do - en - te   Quem me de - ra ao me - nos u - ma vez, - En - ten-

| G | | F | Em7 |

-der co - mo um só Deus ao mes - mo tem - po é três E es - se mes - mo Deus foi mor - to por vo - cês só mal-

| Am | | F | |

-da - de en - tão dei - xar um Deus tão tris - te   Eu quis o pe - ri - go e a - té san - grei

| | C | | |

so - zi - nho En - ten - da   As - sim pu - de tra - zer vo - cê de vol - ta pra mim Quan-do

| F | | | |

des - co - bri que é sem - pre só vo - cê   Que me en - ten - de do i-

[C]
-ní-cio ao fim___ E é só você que tem a [F] cu-ra do ví ví-cio

De in-sis-tir___ nes-sa sau-da-de que eu sin-to de tu-do que eu a-in-da não [C] vi

[C]   [F]

[Dm7]
Quem me de-ra ao me-nos u-ma vez a-cre di-tar por um ins-tan-te [G] em tu-do que e-xis-te e [F]

[Em7]
-cre-di-tar que o mun-do é per-fei-to E que [Am] to-das as pes-so__-as são fe-li-zes

[Dm7]
Quem me de-ra ao me-nos u-ma vez Fa-[G]zer com que o mun-do sai-ba que seu no-me es-[F]

[Em7]
-tá em tu-do e mes-mo as-sim nin-[Am]guém lhe diz ao me-nos o-bri-ga-do

[Dm7]
Quem me de-ra ao me-nos u-ma vez [G] co-mo a mais be-la [F] tri-bo___

dos mais belos índios - não ser atacado por ser inocente

Eu quis o perigo e até sangrei sozinho Entenda Assim pude trazer você de volta pra mim Quando descobri que é sempre só você Que me entende do início ao fim E é só você que tem a cura do vício De insistir nessa saudade que eu sinto de tudo que eu ainda não vi

Nos deram espelhos e vimos um mundo doente Tentei chorar e não consegui

Instrumental — Rep. ad libitum
Fade out

Impresso por :